COMICS マンガでわかる

強いチームのつくり方

前田恭孝／伊藤健之
Yasutaka Maeda / Kenji Ito

やる気が高まり、
社員自ら動き出す!!

SOGO HOREI PUBLISHING CO., LTD

2007年　春
柴崎物語　第一話　呪縛
2:38
RAISEN
私は不眠症に
悩まされていた

内
柴崎
用法
ジャラ
こくこく…
ガチャ…
…また眠れないの？
ホントに大丈夫？
ああ
大丈夫
今薬も飲んだ
どうして、こうなってしまったのか…

営業一筋だった
営業には自信があった
顧客から信頼されている……
それは、決して自惚れなどではなかった
私は高みを目指し
営業職を転々とした
そして4社目…
『営業の世界に革命を起こす』
『これまでに無い効率的な営業』
そんな言葉に、私は誘われた
新しい営業を体得するんだ…！

配属されたのは電話営業の部署
いつもお世話になっております
対面営業を続けてきた私にとって
新しく担当にならせて頂きました柴崎です
本日はご挨拶と新しい商品のご案内でご連絡さしあげました
電話だけで完結する営業は初めての経験だ
あー、ウチは間に合ってるから結構です
慣れない事も多い
あ～……左様でございますか
それでも私は
もしもしお忙しいところ恐れ入ります
私、○○社の…………
意気込んでいたのだ

失礼致します…
ガチャ
上手くいかないなぁ…
柴崎くん
彼女はこの部署のグループリーダー
なかなか結果を出せない私をとても気に掛けて下さった
GL《グループリーダー》の指導は
始めの内は何の問題も無かったのだが…
焦って早口にならないようにね
頑張って！
ハイ！ありがとうございます
徐々に…
頭良くて知識が沢山あるからそれを全部伝えようとしちゃうのよね
でもそれがダメなの
とにかく早口を直しましょう
一遍に全部提案しない！まずは相手の…
エスカレートしていった

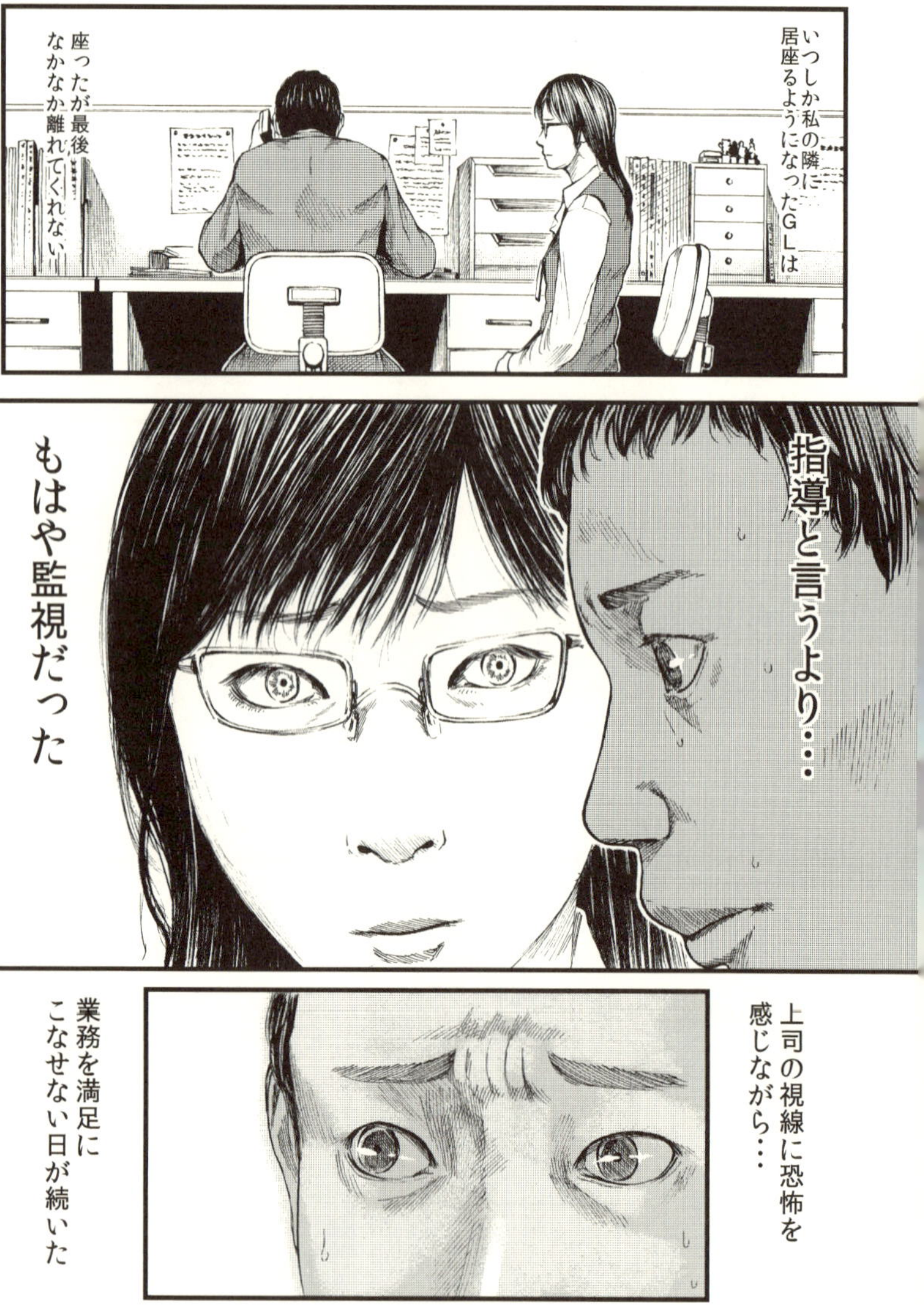
いつしか私の隣に
居座るようになったGLは
座ったが最後
なかなか離れてくれない
指導と言うより・・・
もはや監視だった
上司の視線に恐怖を
感じながら・・・
業務を満足に
こなせない日が続いた

入社から半年が過ぎたある日・・・
辞めるっ？
ええ 私がいなくなっても頑張ってね
柴崎くん
嬉しくなかったといえば、嘘になる
はい・・・
一挙手一投足を監視される
あのプレッシャーからようやく開放される・・・そう思った
しかし・・・
電話だけで済まそうってのかっ⁉
まず会いに来るのが営業ってもんだろう・・・
契約が無いのに担当とか言われてもねぇ

顔も知らない奴に任せられるかっ！
上手くいかないのは…
彼女のせいじゃなかったのかっ？
ぎしっ
同僚は上手くやっている
営業経験のない人も…
元主婦の人までいる
皆、問題なくこなしている
私が上手くいかないのは
私のせいじゃないのか?!

ガタン
ガタ…
ガタン
ガタン
今日はどこで飲みましょうか？
飲み放題の方が良いですか？
クーポンあるのー？
私に声はかからなかった
『数字を上げられなければ人としても駄目だ』
当時、会社にはそんな風潮があった
悪く考えるな…
家が遠いから気遣ってくれたのかもしれないじゃないか…

私はすっかり自信を失ってしまった
おはようございまーす
昨日の飲みどうだった？
柴崎くん
ぽんっ
ちょっといいかな？
…？

あなたの組織は大丈夫ですか？
何気ない言動が組織力の
ネガティブインパクトと
なっていませんか？

第二話　糸口
ファシリテーターを務めます、伊藤です
パチパチパチパチ
まずは簡単な自己紹介と、参加動機を伺おうと思います
パチパチパチパチ
よろしくお願いします
岩田です
活動を通じて自分を磨くために参加しました
よろしくお願いします
私は、ある社内活動に参加していた

大倉です
動機は…
私は何をしているんだろう……？
こんな活動に参加した位で何が変わる？
では次の方…
……………
あの…
ガタッ
あ！
はいっ！
し…柴崎です！
動機は…
その…
私は不眠症でして…
なんとかならないか
そう思い参加しました
…よろしくお願いします
パチパチ…
パチ
何故私がここにいるのか
事の発端は数日前に遡る

TEAMカイゼン活動？
そう！
半年ほど前から実験的に行われてる活動でねぇ
柴崎君、そういうの好きでしょう？
参加してみたら？
その活動の事は知っていた…
以前報告会に参加した事があるのだ
まず、チームで職場の問題について話し合います
月に一度事業部長も交えて職場を改善していくというのが活動内容で…

確かに興味をそそられた
次回の参加者を募集しようと思います
希望される方は——
考えておきます
そうかい？
ま、興味が出てきたらまた声かけてよ
私が参加すべきものだろうか？
『辞めたい』なんて考え始めている私が…
もしもし？
あぁ、変わりないよ
それで、今の職場はどうなの？
うん
まぁ、それなり…

お父さんも心配してるのよ？
また長続きしないいんじゃないかって…
………
『三年は勤めなよ。約束だよ？』
以前の上司が、転職を繰り返す私を心配して、かけて下さって言葉だ
簡単には辞められない…
課長！
TEAMカイゼン活動
参加しようと思うのですが…

もう少しだけ頑張ってみよう…
…そうか
もしそれでダメだったら…
そう肩肘張らないで
ワラをも掴むとはこの事だ…
頑張りなよっ！
そんな訳で…
活動に参加する事になったは良いが…
詳しくはお手元の資料をご覧下さい
では次に…
この活動の内容や意義について説明していきます
前回の活動の主な成果が記載されています
簡単に変われば苦労はない
競争するのではなく
協力することが結果的に平均力を高める
というのが、この活動の基本理念になります

何を言ってるんだ…
したがって――
今まで会社にさんざん個人の競争を促されてきたじゃないか
皆が協力し成果を上げる職場
そりゃ、その方が楽しいに決まっているだろう…
部活じゃあるまいし…
さて
自己紹介も活動の説明も済みました
次は皆さんに
職場や仕事についての意見を伺いたいと思います
最初のミーティングです。感想程度のもので構いません
…では、岩田さん
え、僕ですか？
う〜ん…そうですね
ちょっとフロアの雰囲気が良くないなぁとは思っています

人間関係が希薄で隣の人でさえも話づらいというか…
とにかく居心地が悪いんですよね
ピリピリしていてトイレに立つのも緊張しますし…
へぇ…
人間関係気にしてる人他にもいたんだな…
何だあの人…
むっちゃこっち見とる…
仲間だ…
筈なのだが…
大体、同じ部署に知らない人が多すぎるんですよ
今回の議題は
職場の問題点の洗い出しである
情報交換するような雰囲気じゃないですしどうしたって仕事に影響しますよね
そのくせノルマばっかり上がるものだから余計に余裕がなくなって…

愚痴の応酬…
あーだ
こーだ…
いいのか業務時間内に…
でも…
全体でノルマ達成できてる人ってどの位…
半分くらいは…でも前勤めてた所では…
時間が足りないような気もしますよね例えば…
大体電話営業に配属されたのも本意じゃありませんし…
そこは割り切りましょうよ…
意外と皆似たような事で悩んでるんだな…

マニュアルに問題があるって事はないでしょうか？
どうも上手く対応できなくて…
そう言えば彼とは一年同じフロアだけど…
一度も話した事がなかった
上手く仕事をこなしているものと思っていたけど…
聞いてみないと分からないものだな…
少し肩の力が抜けた
こうして気軽に語り合う場でさえ
今まで会社には無かったのだ

あなたの組織には、
本音の「つながり」が
ありますか？

第三話　連動

カリカリカリカリカリカリカリカリカリ…
べりりっ
ガリ…
ガリ　ガッ…
ガリガリ
カリカリカリカリ
カリカリカリ
べりりっ

営業システム
きゅっ
皆さんの考える職場の問題点…
営業システム
大体このように分類されましたが
この中から『だるまチーム』の活動テーマを考えていこうと思います
参加者全12名の『TEAMカイゼン活動』は
2つのチームに分かれて活動していた
よろしいでしょうか?
各チームは別々のテーマで活動し
月に一度のラウンドテーブルで上司も交えて成果を共有するのである
だるまチーム　メンバー
営業システムの問題が一番多いですね…
『架電リストが作りづらい』
『キャンペーンが多くて対応できない』
この『架電の質が悪い』って言うのは…
あ、それ僕が書きました

先日印刷業の会社に電話したんですが…
業界の事がさっぱり分からなくて何も話せなかったんです
あー確かに…
経験のない業界の話は難しいですよね
でももったいないなぁ
僕、印刷業出身なんですよ
え、そうなんですか?
結構、このチーム異業種出身者多いですよね
井原さんは金融系でしたっけ?
……
あのちょっと良いですか?
皆さん、いつもお昼って
何してますか?
え?
急にどうしました?

Cafe do
これだけ他の業種を経験している人がいるんです
活かさない手はないと思いませんか？
それで昼食時間を利用して…
経験してきた業種の情報を共有しようと…
良いアイデアですね！
じゃあ、まず岩田さんから
それじゃ、この前話した印刷業の話を…
仲間と昼食なんていつぶりだろう…
何か凄く嬉しそう……
はもっ

かくして、ランチミーティングは始まった
印刷機にもオフセットとオンデマンドの二種類があって
インクも違うし、一枚あたりの値段も変わってきます
例えばオフセットでカラーを印刷しようとすると…
この会議の狙いは勿論『架電の質』の向上にある訳だが…
仲間の事が分かるのは嬉しい
じゃあ次柴崎さん
あ、はい
柴崎さんはどんな業界にいたんですか?
以前は穀物機器メーカーで販路開拓を…
農業研修で留学もしていたので
その方面のお話ならできると思います
お～…
それってヘッドハンティングじゃないですか～!?

それは嬉しいですよね!
そうなんです!
まさか自分を引き抜いて貰えるなんて!!
それで、そのメーカーに移りまして…
そうだな
意外と喋るんだな…
楽し
柴崎さんそろそろ…
あ、すみません…
いやぁ…
あんなに喋ったのは久しぶりです
でもやっぱり少し不安ですね…
?
どうしました?
いえ…
こんな事が本当に役に立つのかと思いまして…

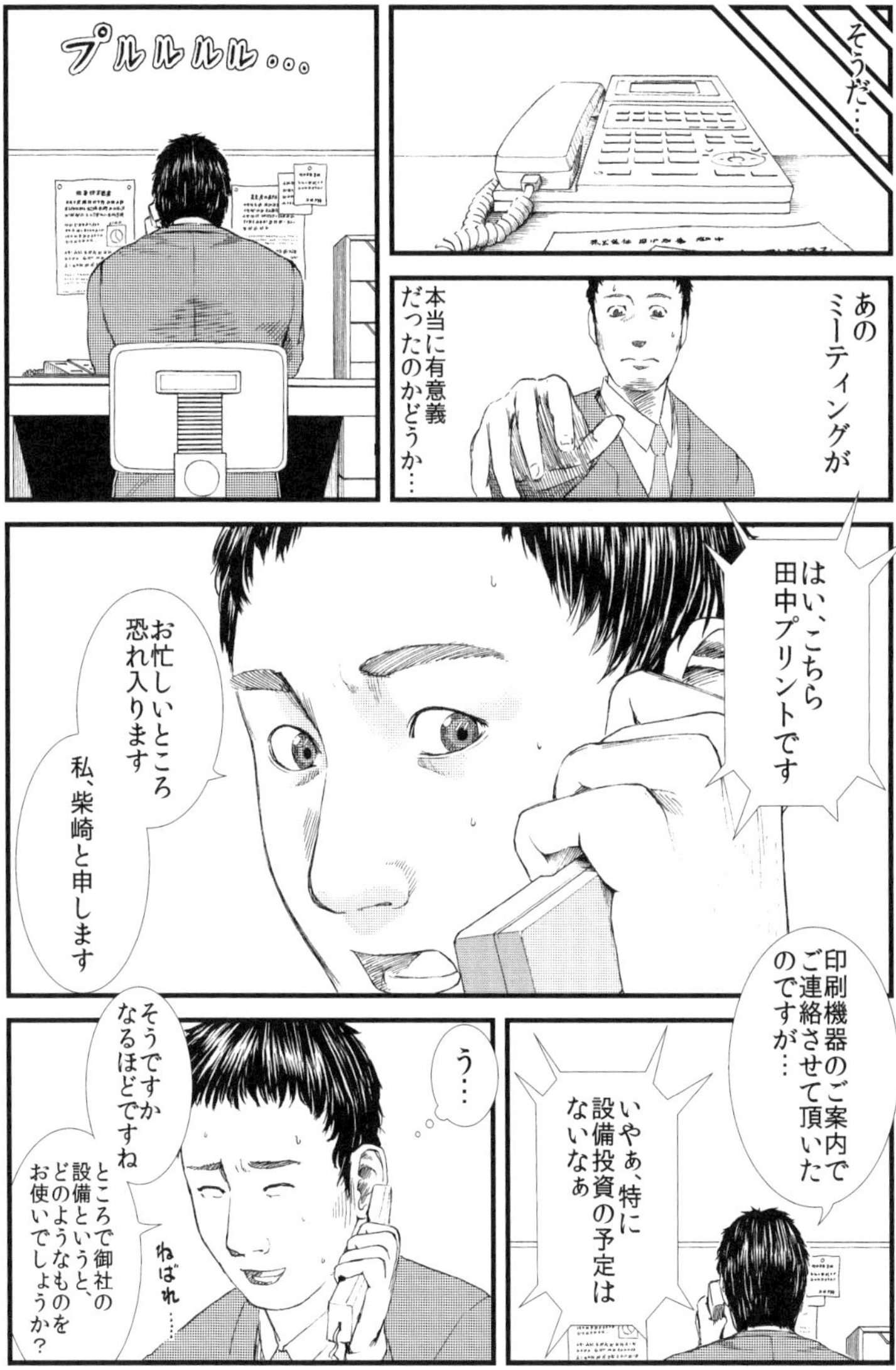
そうだ…
あのミーティングが
本当に有意義だったのかどうか…
プルルルル…
はい、こちら田中プリントです
お忙しいところ恐れ入ります
私、柴崎と申します
印刷機器のご案内でご連絡させて頂いたのですが…
いやぁ、特に設備投資の予定はないなぁ
う…
そうですか なるほどですね
ところで御社の設備というと、どのようなものをお使いでしょうか？
ねばれ……

例えば オフセットですとか オンデマンドですとか
ウチは オフセットだね
なるほどですね… 用途にも よりますが
オフセットは 色数で値段が大きく 変動しますし、逆に 買い換えてお安くなる 場合もございますよ？
最近は オンデマンド印刷も 増えている様ですが 御社の方針は どうですか？
この景気だしねぇ 投資する余裕も ないよね
ははは、おたく 詳しいね！
恐れ 入ります…
おっかね…
ガチャ…
う～ん、じゃあ もうちょっと話 聞いてみようかな
………有効架電
ゲット………

そのような利用頻度でしたら、運送車両はリースの方が――
この声…井原さん？
それ私の話したネタ…
はい、左様でございますか
ありがとうございます!!
今、担当の者におつなぎ致しますので…
ぬっ
プレゼンターどうしましょうか？
ラウンドテーブルですか？
いよいよ来週、事業部長に報告ですからね…

プレゼンター柴崎さんはどうですか？
そうねぇ 営業経験豊富そうだし
え？
僕もそれで良いと思いますよ？昼の時も聞き易かったし
意外にも
はぁ…
私で良ければ…
………
あれ、何だろうこの感じ…
良し！そうと決まれば急いで資料を整理しないと!!
これコピーとってきますねー
資料こっちにまとめておきますね
実は自分って必要とされてるんじゃないだろうか？

あなたの組織には、
個人が「役に立っている実感」が
ありますか？

上手くいくでしょうか?
TEAMカイゼン活動…
第四話　共鳴
今まで色々やってきました
最先端の営業支援システムの導入…研修の実施…
しかし、どれも成果が上がらなかった
私から見ると彼らは甘ったれている様に見えるのです
事業部長　上野
ですが、それでもなんとかしなくては…

この活動の導入で業績を伸ばした企業数多くあります
その点は安心して頂いて良いと思いますが…
私から申し上げる事があるとすれば２つ――
『絶対に否定しない事』
『提案はその場で決断する事』
この２つのルールさえ守って頂ければ大丈夫です
では、そろそろ向いましょうか上野さん
そうですねっ

会議室B
ではこれより ラウンドテーブルを 始めたいと思います
以前お話した通り…
各チームの 活動経過を 全体で共有して いきましょう
いよいよか…
ちゃんと 聞き入れて もらえるの かしら…？
まずは、だるまチーム から…
プレゼンターの 柴崎さん お願いします
だら だら だら
大丈夫かな ………？

えー…
私達だるまチーム は…
『架電の質の向上』をテーマに活動して参りました
多業種のお客様に架電をする為 その全ての業界知識を持つことは困難です
内容の薄い対話しかできず、数をこなしても有効架電を得られない
それがノルマの達成を妨げたりしているのではと考えました
そこで、我々は…
ランチミーティングを行い、各々の情報の共有を図りました
幸い チームメンバーには様々な業種を経験した者が多く――
この問題であれば以前私の提案した社内SNSで解決できるんじゃないのか?
既に一石投じた問題だ…

……………と
『絶対に否定しない』でしたね
わかっていますよ
以上で報告を終ります
む、
ありがとうございます
では、上野さん何かコメントを頂けますでしょうか？
そうですね…
まずは昼休みまで活動してくれてありがとう

素晴らしい取り組みですね！
ただランチミーティングでは、参加できる人数が限られる
今後は、より多くの社員と情報共有できるアイデアを出す事が課題ですね
この調子で頑張って下さい！
あんなにすんなり話を聞いてくれるとは思いませんでしたね
ええ！私達にとっては雲の上の人ですからね
よーし、何かやる気出てきましたね！
頑張りましょう！
事業部長が、私達の意見を真剣に聞いてくれた…
その事だけでも、私達は嬉しかったのだ…
あんな感じで良かったでしょうか？
ええ、後は皆さんを信じましょう

それから数回目のラウンドテーブルにて…
データベース？
はい！
今日は、簡易的なものを用意してきました
これを社内で共有できるようにし…
架電成功例を随時入力、更新していく事で更に質の向上を図ります
どうでしょうか……？
……うん
良いですね

このデータベース
導入しましょう
作業上何か
不都合があれば
協力は惜しみません
期待していますよ！
ハイ!!
私達は早速データベース作りに
とりかかった
すごーい
もうこんなに
進んでる！
さすが
我等が
ＩＴ部長☆
そのあだ名
どうにか
なんないのか…
程なくして…
それは完成した

今日は皆に報告する事があります
『架電の質』を向上させる手段として先日新しいデータベースを導入しました
このデータベースは『TEAMカイゼン活動』のだるまチームの面々が提案し…
率先して構築してくれたものです
皆、大いに活用して下さい
カンパーイ!!

データベース
フォー!!
今ああいうのはやってるのかしら…?
よっ、IT部長ー!!
いぇ……
でも、事業部長があんな事言ってくれるなんてねぇ…
フォー!!
そうですね…
私達の言葉を真剣に受け止めて
組織のルールに反映させてくれました
私はTEAMカイゼン活動に…
こんなに嬉しい事はありません
そうねぇ
フォー!!
恥ずかしい…
これまでにない程の意義とやりがいを感じていた

部下の「承認欲求」を満たせてあげていますか？

私がTEAMカイゼン活動に参加してから
一年が経とうとしていた
第五話　信念
活動は順調に進んでおり
会議は活気に満ちていた
内容も初めの頃と比べ成熟し
より有意義なものへと進化していた
そんな時だ…上野事業部長が人事異動となり
ラウンドテーブルに新しい事業部長が参加する事になった

上野部長の移動後…最初のラウンドテーブルで
営業支援システム
それは起きた
ポストイットセッションの結果…
まだまだ「モチベーションの低下」を感じている者が多い事が分かっています
ここ一年で色々と活動して参りましたがそれでもなお
払拭し切れない事を考えますと…
ノルマ設定について今一度……
あー
ちょっと良いかね…

仕事なんてもともと面白いもんじゃないだろ
何を甘い事言っとるんだ
久保部長…!!
ガタッ
モチベーションなんて数字を出せばおのずと上がるものだろう
こんな所でウジウジ言い訳を考えている暇があるなら
一件でも多く数字を上げようとは思わないのかね?
唖然とした…

あの後、結局平行線でしたね……
問題点も課題点も全部愚痴扱い……
ガチャ…
戸部さん
遅かったですね
ぎしっ
……
戸部さん？
TEAMカイゼン活動から
離脱者が出た

本当なら僕も抜けたくはないんです…
ですが…GL《グループリーダー》がどうも以前から活動を良く思ってなかったらしくて…
それが部長が変わったのをきっかけに…
すみません…!!
活動に陰りが生じ始めていた
戸部さんを皮切りに活動を辞める人が急増した
それだけではない、中には
そのまま退職してしまう人まで現れたのだ

職場に良くない雰囲気が蔓延していった…
それからすぐの事だ…
Cafe do
活動をなくす!?
はい…
上の方でそういう話が出ているらしいです
…久保部長だろうか?
さぁ…活動に反対の人は他にもいるから…
こういった活動がストップしたら
ますます雰囲気が悪くなってしまう…

人との繋がりの中で仕事を改善していく事で…
仕事がこんなにも楽しくなるんだという事をもっと多くの人に伝えたいんだ
それを今
断たれる訳にはいかない!!
部長と話をしましょう
活動を続けられるよう頼んでみましょう!!
お願いします

…続けるのは構わないが
今後、私は参加しないよ
それから伊藤さんもいない
…は?
彼との契約はこの三ケ月で満了となる
全社コスト削減運動のなかで、契約を継続する事はできない
それでも良いのか?
…………!!
分かりました!!

そうですか…
伊藤さんも…
ラウンドテーブルに事業部長がいないファシリテーターもいない…
これじゃ活動を続けられても…
ファシリテーターなら私がやります
柴崎さん？
事業部長が来て下さらないなら
他に来てくれそうな方を探しましょう
今まで会社側が促してくれた活動を今度は
私達が中心になって続けて行きましょう!!

活動に参加してから
せっかく会社が楽しく
なり始めていたんだ
そう感じていたのは私だけじゃない筈です!!
良いアイデアですね!
このまま元に戻る訳にはいかない!!
一緒に楽しい職場を創り上げましょう
よーし!!
私が活動で変われたように…
この職場を変えるんだ
私達の力で!!

信念でつながった
「関係性」がありますか？

第六話　結実

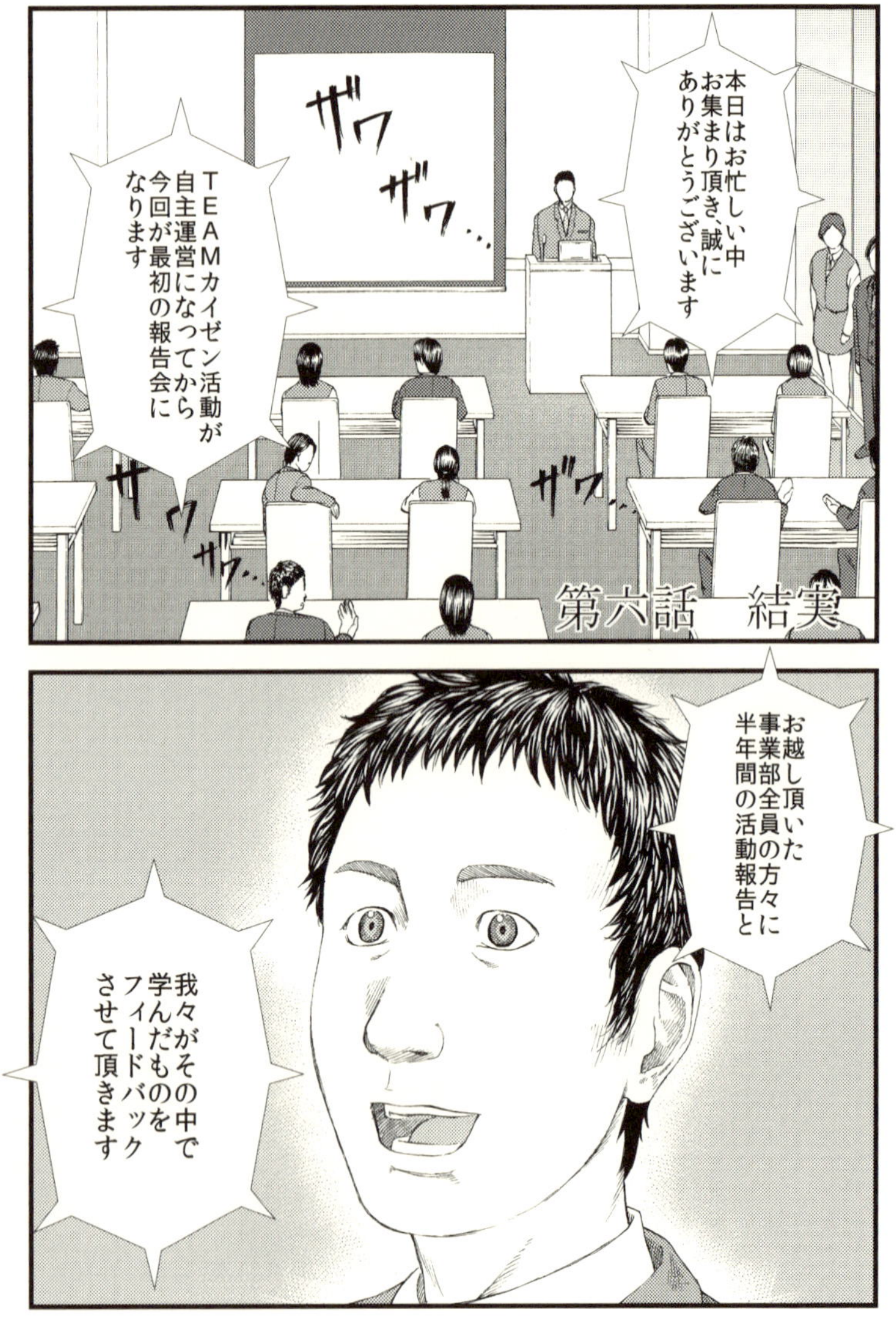
ザワ
ザワ…
本日はお忙しい中お集まり頂き、誠にありがとうございます
TEAMカイゼン活動が自主運営になってから今回が最初の報告会になります
ザワ…
ザワ
ザワ…
お越し頂いた事業部全員の方々に半年間の活動報告と
我々がその中で学んだものをフィードバックさせて頂きます

それではまず……
井原の方から報告させて頂きます
井原でございます
活動報告の前に…
TEAMカイゼン活動について、私が感じている事をお話します
三年前…実は活動に参加する前の私は
孤独な悩みを抱えて仕事をしていました

入社当初から比較の目に晒され…
仲間は皆ライバルだと思わざるを得なかった
先輩たちが淡々と仕事をこなしているのが…
不思議でなりませんでした
活動の最初は本心で問題点を出し合うセッション
『なぁんだ、みんな同じような事を考えていたんだ…』と
やっと孤独から開放された気分でした

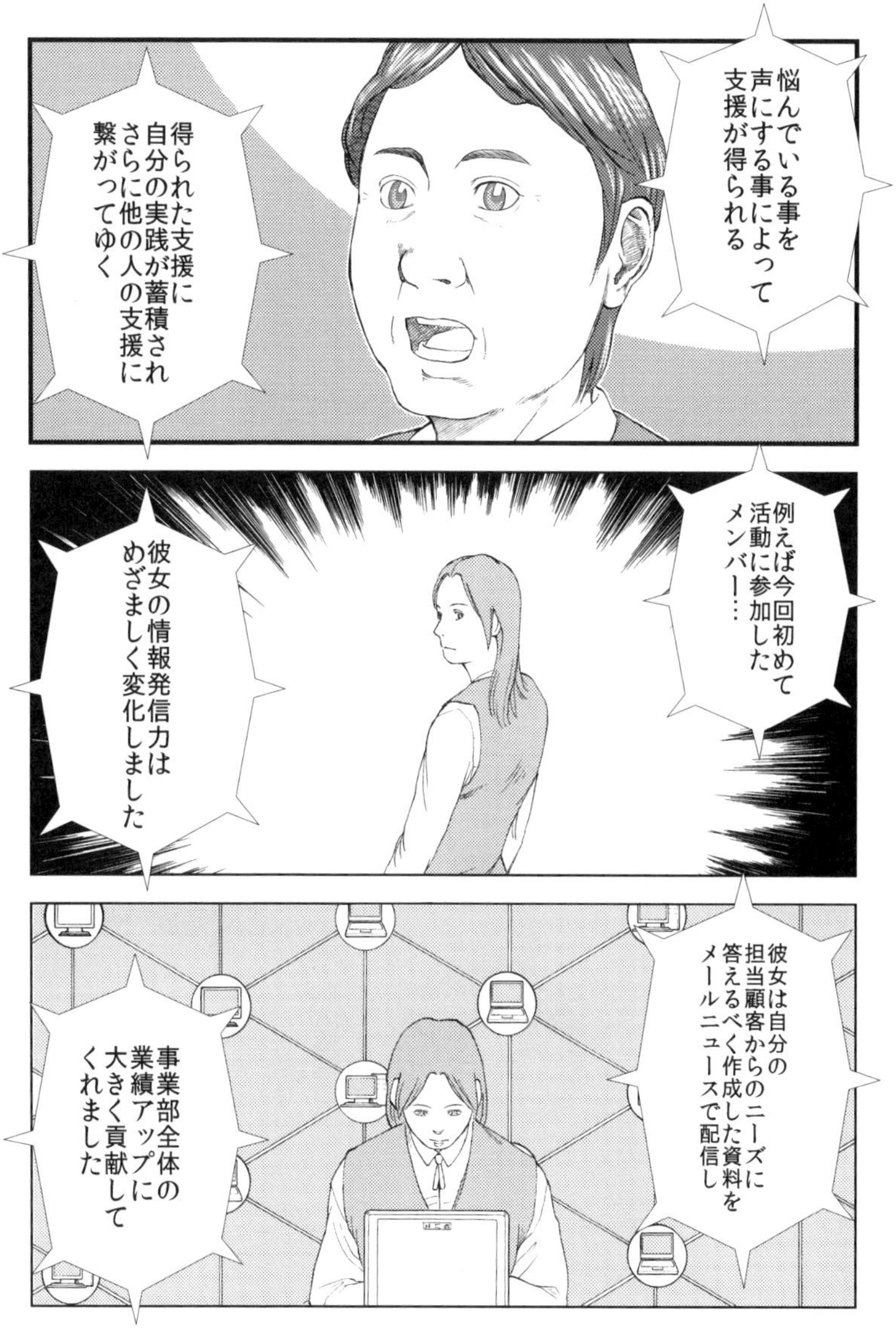
悩んでいる事を声にする事によって支援が得られる
得られた支援に自分の実践が蓄積されさらに他の人の支援に繋がってゆく
例えば今回初めて活動に参加したメンバー…
彼女の情報発信力はめざましく変化しました
彼女は自分の担当顧客からのニーズに答えるべく作成した資料をメールニュースで配信し
事業部全体の業績アップに大きく貢献してくれました

あるとき普段はバリバリ仕事をしているメンバーが…
『今期の数字達成が見えない。どうして良いか判らない』と弱みを見せた事がありました
私は彼女の頑張りをずっとそばで見てきましたので…
突然の出来事に涙が流れたのを覚えています
そんな彼女に対しメンバーから
自分の体験や、切り抜けた方法など様々なアドバイスが語られました
彼女は今自らの力と彼女を応援する人を味方につけて
具体的な一歩を力強く踏み出している事を、私は知っています

現在も我々はチームの目標達成に向けて活動を続けています
きっと目標達成の暁には、皆で喜びを分かち合い、私は号泣してしまう事でしょう

競争ではなく協力する事こそがこの活動の精神なのです!!
そして、それは既にこの組織の中で…

私達の中で
始まっているのです!!

ありがとうございました…
最後に私から一言だけ…
私は聞いて欲しかったのです!!
事業部全体のことを考えている人が
これだけいるのだという事を!!
こうした仲間とやってきた三年間は本当に有難く…
この事が事業部の在り方を大きく変えると確信しております!!

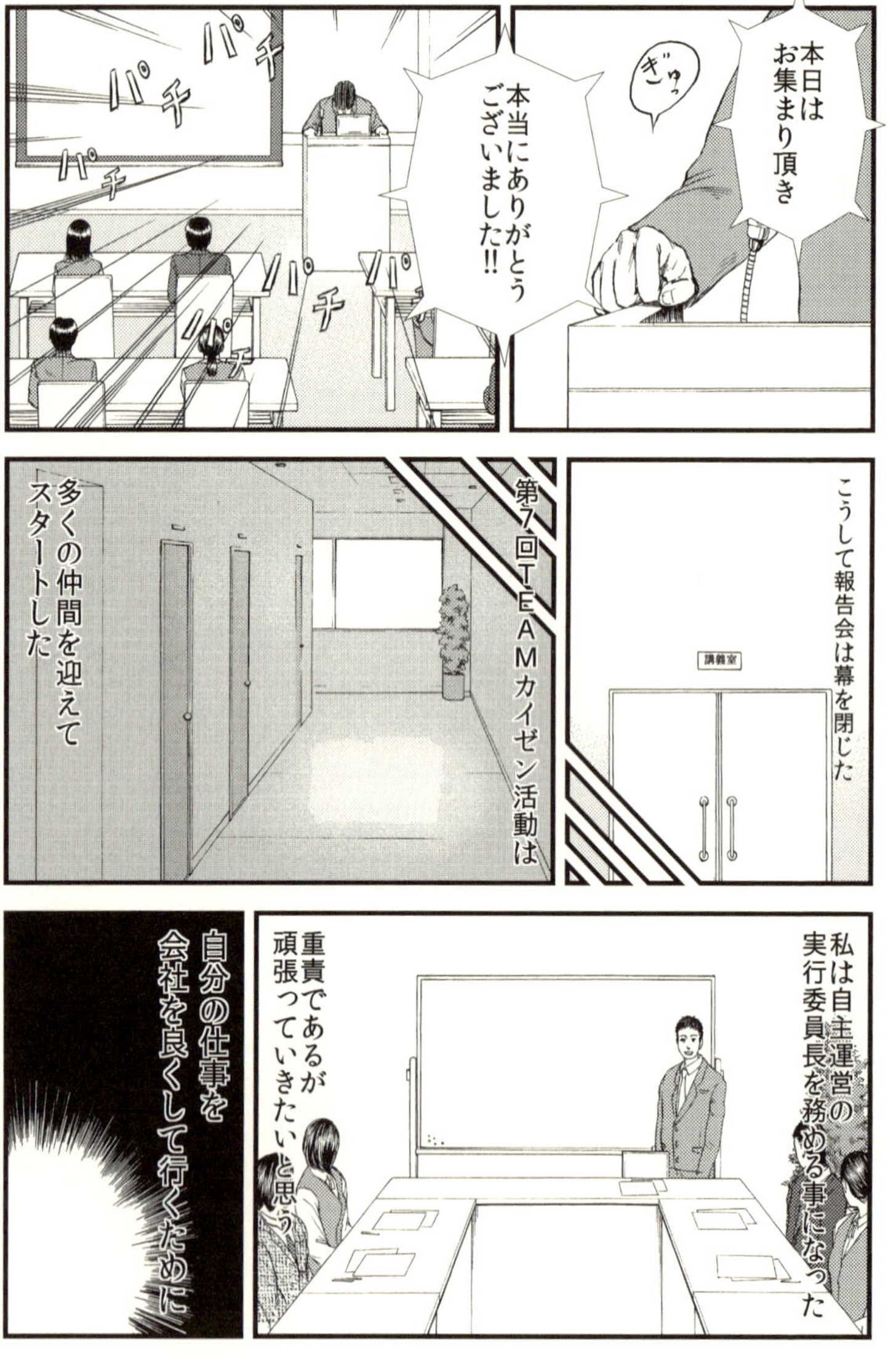
本日はお集まり頂き
ぎゅっ
本当にありがとうございました!!
パチ
パチ
パチ
パチ
パチ
パチ
こうして報告会は幕を閉じた
第7回TEAMカイゼン活動は
多くの仲間を迎えてスタートした
私は自主運営の実行委員長を務める事になった
重責であるが頑張っていきたいと思う
自分の仕事を会社を良くして行くために

半年後の感動を信じて……!!!

序文

はじめに

マンガを見てどう思ったか?

皆さんは、冒頭のマンガを読んでどのように思っただろうか。

私が身の周りの人に聞いてみたところ、「自分の会社もマンガと同じような対応をして欲しい」、「意欲は個人の問題でしょ、会社がここまでやる必要あるの?」など、組織を元気にするアクションについては意見が分かれた。しかし、アクションを行う前の主人公が悩んでいる部分については、「よく見る光景だ」という感想でほぼ一致していた。

「現場力」が傷んでいることは、もう何年も前から指摘されていて、多くの人がそれを実感している。これに対して、いろいろな種類の回復アプローチが提言されて来た。それにもかかわらず、**多くの会社がこれまで回復に取り組んで来なかったのは、いったいどうし**

てなのか。

■「現場力」の回復に取り組んで来なかった理由は？

それには2つの理由が考えられる。

1つは、会社あるいは組織のなかに**「現場力」に対する共通の理解がない**ことである。

我々が企業を訪問して「現場力」の説明をしたときの反応は、「現場力？　そんなの甘えだよ」、「モチベーションならとっくに対応済だよ」、「君たち組合の回し者？」などバラバラだった。これでは、会社あるいは組織が一枚岩になって「現場力」の回復に取り組むことがないのも無理はない。実際、「現場力」の回復に取り組みたいが、「考え方の違う上司がいて、どうしても稟議が通らない」と相談して来る人は少なくない。

もう1つは、会社あるいは組織として取り組むのが難しいなら、せめて、自分たちで出来る範囲で対応しようとなったとき、**「現場力」を回復するやり方が分からない**ということである。

これについては、「どうやって取り組むか、参考になる本がない」という相談を受けることがある。確認したところ、リーダーやファシリテーターが「自分はこうして成功した」というノウハウやセオリーを部分的に紹介したものはあったが、進め方を体系的に説明したものは確かに見当たらなかった。

本書の狙い・特徴・進め方

■本書の狙い

以上の認識から本書では、「現場力」が傷んでいると感じている人たちが、できれば会社・組織として、それが難しいなら自分たちで出来る範囲で、とにかく「現場力」の回復に取り組めるようになること、これをゴールと定める。

そして、そのために、大きく以下の2つを狙いとする。

1つは、会社・組織に属する誰もが「現場力って、こういうことでしょ」と共通の理解をもって、同じビジョンのなかで回復に取り組めるような、そんな**「現場力の認識フレー**

ムワーク」を作ることである。

もう1つはいよいよ実践に着手するときに、「現場力」の回復について始めから終わりまで全体を見通した上で、取り組んで行くステップの要所、要所で何をすればよいかを知ることができる**「現場力回復の実践ガイド役」になる**ことである。

本書の特徴

以上の狙いの実現に向けて、本書では「現場力」の捉え方と回復方法の伝え方について、**従来の「現場力」の本とは違ったスタンス**をとる。

まず、捉え方から言うと、従来の「現場力」の本では、人を「実体ある個」と捉えて、どうやってそこから力を引き出すか、組織の成果につなげるかと発想したものが多かった。これは、「現場力」あるいはその源泉を、すでに**存在している資源のように考える捉え方**である。

これに対して本書では、「現場力」あるいはその源泉を**人と人の関係によって実現する「現象」**と考える。

人は他人との係わりによって気づき、成長し、満足を得る。それが集団への貢献意欲となって「現場力」として結実する。このように、「現場力」は**何も無いところから創り出すもの**だと考えている。そして、マネジメント自身も含めて、**どうしたら「現場力」につながるような「関係」を作れるのかを考える。**

次に、伝え方については、従来の「現場力」の本では、過去の「現場力」回復の成功事例のなかから有効だったノウハウやセオリーを選んで紹介しているものが多かった。これは、**「ノウハウ・知識」を中心にした伝え方**である。

これには限界がある。例えば、コーチングの本で「誉めれば良い」ということを学んだとしても、相手のタイプやタイミングによって逆効果になることもあり、適用するのは簡単でない。

重要なことは、知識とシチュエーションの組み合わせである。しかし、シチュエーションは無限にあり、すべてを押さえることはできない。では、どうするのか。これは、英語の動詞と前置詞の組み合わせを勉強するのに似ている。すべてのパターンを暗記するのは無理であり、こういう感じの動詞のときはこういうタイプの前置詞といった具合に、ベーシックなルールを感覚的に覚えるしかない。

そこで本書では、「現場力」の回復に取り組んだ事例を**始めから終わりまで通して、成功したことも失敗したことも合せたストーリーとして提示**し、自分がリーダー、あるいは部下になったつもりで読むことで、**ノウハウやセオリーの使い方を感覚的に知ってもらう**という形を取った。また、それを補うため、ストーリーのなかから印象的な場面を抜粋してマンガとしてまとめた。

本書の進め方

本書では、以下に説明した内容を、次の2部、4章に分けて進める。

第I部の「『現場力』を考えるフレームワーク」では、「現場力」を考えるために必要となる理論的なフレームワークを説明する。

具体的には、

第1章の「『現場力』とはどんな力かを考える」で、「現場力」がどんな力か、第2章の「『やって知る』で理解する」で、会社・組織で取り組むには「現場力」をどう捉え、評価する必要があるかを考え、最後の第3章の「人体モデルで『現場力』を把握する」で、自分の会社・組織の「現場力」の状況を把握するフレームワークを提言する。

第Ⅱ部の「『関係性アプローチ』が強いチームをつくる」では、本書が提言する「関係性アプローチ」を使って、実際に「現場力」の回復・向上に取り組んだ例を紹介する。具体的には、第4章の「実践！　やって知る『現場力』」のなかで、これまでの経験から組織活力はここでステージ・アップするという「糸口」「連動」「共鳴」「信念」「結実」の5つの段階に分けて説明する。

著者の紹介

ところで、本書の著者である前田と伊藤はどちらも経営コンサルタントあるいはその出身者で、「元気の出る組織」研究会という有志のグループで、この5～6年「現場力」の問題に取り組んでいる者である。

この研究会は、「現場力」に関心があることを除けば、一人ひとり興味も仕事も所属する会社も違う、まったくオープンな集まりである。

本書では、それぞれの特徴を活かして、これまで理論を中心に「現場力」に取り組んで来た前田が序文と第Ⅰ部の第1章～第3章を、実践を中心で取り組んで来た伊藤が冒頭のマンガと第Ⅱ部を担当した。

2人はかつて同じコンサルティング・ファームで働いた仲間であり、日頃から情報交換を行い、前田は構築した理論を伊藤から実践状況を聞いて修正し、伊藤は前田の新しい理論を聞いて実践の意味や意義を確認・拡張するという具合で、一緒に「現場力」の問題に取り組んで来たパートナーである。

なお、マンガのパートでは、同じ研究会の仲間で、効果的なコミュニケーション方法に取り組んでいる小野弘貴の支援を受けた。

Contents

第2章 「やって知る」で理解する

第3章

第Ⅰ部

「現場力」を考えるフレームワーク

第1章

「現場力」とはどんな力かを考える

「現場力」の源泉は「人と人の関係」にある。

こうした認識のもと、本章では、「人と人の関係」から「現場力」を生み出すために人がもともと持っている意欲に集団単位で働き掛ける（「集団」・「内発」）のアプローチが重要になること、そして、その代表的なアプローチとして「関係性アプローチ」があることを、一般的な「現場力」の見方・アプローチとの違いを通して確認する。

また、「人と人の関係」が生み出すパワーがどのようなものかを、高校の合唱団と営業の現場のケースから見る。

一般的に考えられている「現場力」

「現場力」は、人によっていろいろな捉え方をされている。「組織力」と呼んでいる人もいる。

そうしたなかで、ポピュラーな定義をあげるとすると、**「想定外のこと（問題）が起きても、自律的に組織で何とか解決、対処できる力である」**になるだろう。

「現場力」は、多様化する消費者ニーズに対応するため、高付加価値の商品・サービスをスピーディーに生み出す源泉として、また、急速に伸びて来た中国、アジアの国々との国際競争に勝つ強みとして、従来に増して重要になっている。

この力を得るには、一人ひとりの経験や勘、それらを寄せ集めた工夫（三人寄れば文殊の知恵）、さらにそれらを組織化したナレッジと、これらを下地としてドライブする組織への貢献意欲などが必要になる。

こうした要素から「現場力」を生み出すため、**これまで企業では、直接的・間接的なも**

のを合わせて、組織文化、経営ビジョンの見える化、目標管理、コーチング、メンタリングといったアプローチに取り組んで来た。

本書の考える「現場力」

一般の見方との違い

本書の「現場力」の定義は、「想定外のこと（問題）が起きても、自律的に組織で何とか解決、対処できる力」と、一般の定義と同じである。

しかし、それを実現するアプローチについては立場を異えている。**従来のアプローチ**を見ると、その根っ子に、**人を資源と見て、組織がどれだけそれを効果的に活用するかという発想**があったように見える。

例えば、組織文化や経営ビジョンの明確化などは、一人ひとりの力が散漫にならないように組織の目的・成果に結集させる手法であるし、コーチングやメンタリングは、それらが持っている本来のコンセプト（詳細は後述する）は別として、実務で行われているところで言えば、一人ひとりで違う思いを組織の目的・方向性にアジャストさせる手法だと言える。

一般アプローチに漏れているもの

従来のこうしたアプローチには、漏れているものが2つある。

1つは、**組織が個に力をチャージするという視点**である。

仕事を通じて成長することに満足を感じる人は多い。成長の欲求には、昇進、昇給など外から見えて組織として簡単に提供できるものがある。その一方で、達成感、他人からの承認・評価、成長の実感などのように、個人の内面にあって求めているものが外から見えないため単純に提供できないものもある。

後者については、一人ひとりが**どんな人になりたいのか、どのように成長したいのかという欲求の形成と、それらを実現して得られる満足とを、組織がそろって実現できる場を**

提供することが望ましい。
　内在的モチベーションの研究で有名なロチェスター大学教授のデシ氏は、これを社会（本書の文脈では組織）と個人の相互作用、統合と呼んでいる。これは、人と環境となる社会とが受け入れたり対立したりするなかで、人が統一性と自律性をもった存在になるという考え方で、デシ氏は、このとき社会からの支援がないと、一貫性をもって社会と係わっていく個人という感覚を発達できないと言っている。[1] そういう人が、自分の「経験」、「勘」、「工夫」をもって、想定外のこと（問題）に自律的に取り組む担い手になるとはと思えない。反対に、自分の望む成長ができたときには、組織に満足し、「組織のために」につながる。

　もう1つは、**人間としてのマネジメント**である。

マネジメントとは経営者と管理職のことで、本書では両者をまとめてマネジメントと呼ぶことにする。

　これまでのアプローチでは、マネジメントは無人格な役割あるいは機能としてしか登場しなかった。しかしながら、マネジメントが人間としていろいろなことに悩みながら経

図1　「人と人の関係」で意欲アップする

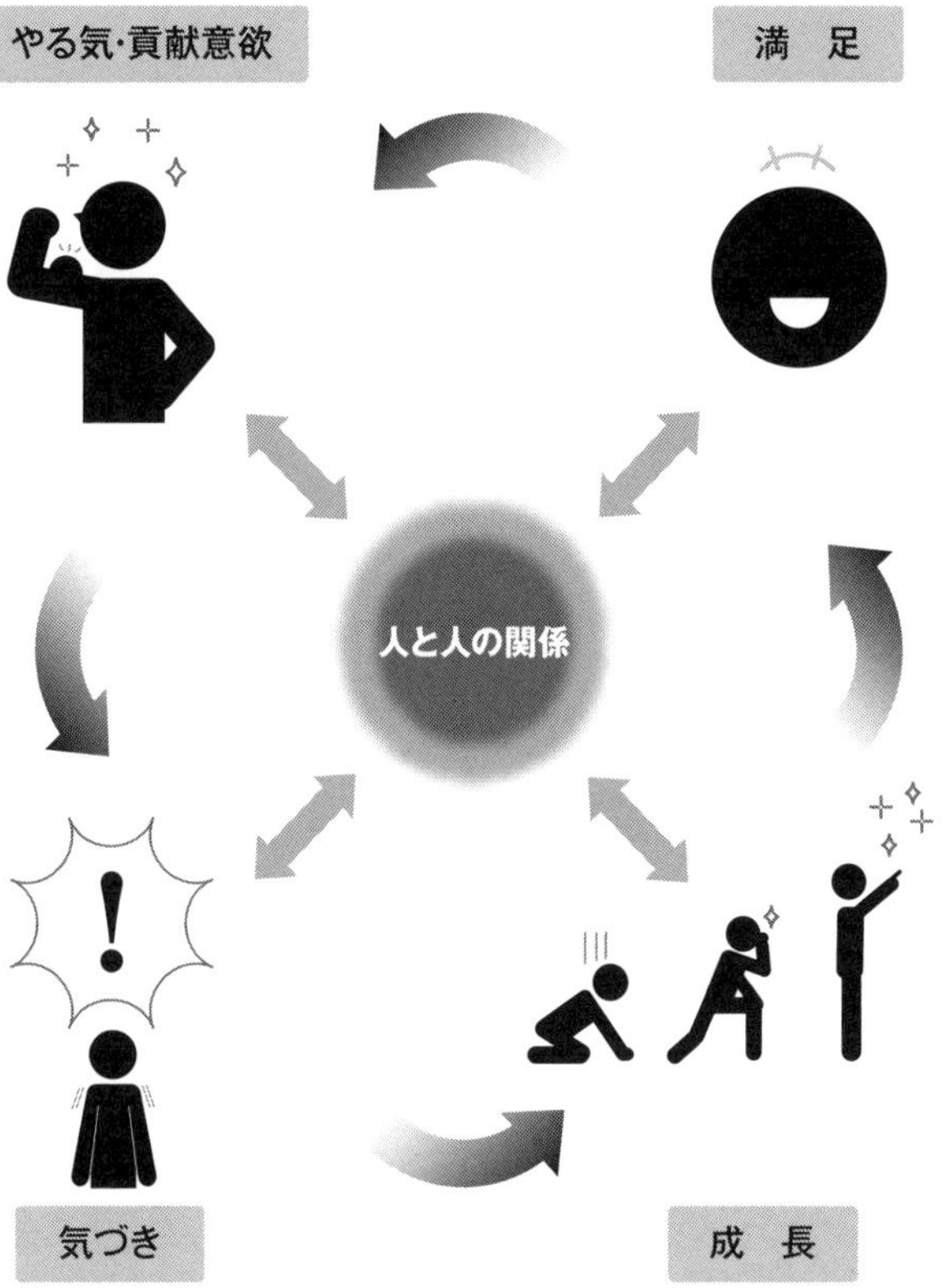

人は「人と人の関係」のなかで気づき、成長し、
それに満足し、やる気・貢献意欲を高める。

営・管理に取り組んでいることは言うまでもない。

部下との係わりのなかで、**マネジメントが人間として態度や考え方を変えたとき、部下は期待に応えてくれたと感じて歩み寄る。**経験から言って、上司―部下の信頼はこのパターンで形成されることが多い。特に人間関係がぎくしゃくした組織では、日頃は数字、数字でガミガミ言っている上司が会議で黙って話を聞いてくれた、それだけで部下は受け入れられた、報われたと感じる。そういうものである。そして、**それが「あの人のためなら」という意欲へのきっかけ**となる。

これは、第Ⅱ部の「『関係性アプローチ』が強いチームをつくる」のなかでも紹介している実話である。詳しくは、そちらを見ていただきたい。

■「現場力」の源泉

以上をまとめると、これまでのアプローチに欠けていたものとして、**「人と人との関係」というキーワード**が出て来る。
人は**「人と人の関係」のなかで気づき、成長し、それにより満足を感じる。**それが**や**

る気や組織への貢献意欲を高め、「人と人の関係」をさらに変化させ、**次の気づき、成長、次の気づき、成長へとつながって行く。**

本書では、**こうしたダイナミズムこそ、「現場力」の源泉**となるものだと考えている。

関係性のアプローチ

では、「人と人の関係」に注目した「現場力」とはどういうものか。従来のアプローチとの違いから、あらためて整理してみる。

「現場力」アプローチ・マップ

「現場力」のためのアプローチには、直接的・間接的に係わるものを合わせて、いろいろな種類のものがある。それを**「誰あるいは何を対象とするか」**、**「どうやって働き掛ける**

運用されている文脈から分類する。なお、ここでは本来のコンセプトでなく、実務に運用されている文脈から分類する。

か」という2つの切り口で整理したい。

切り口の説明からすると、

まず、1つめの切り口「誰あるいは何を対象とするか」については、これを**「個」と「集団」**の2つに分ける。

「個」は**一人ひとりの人、**「集団」は単なる人の集まりでなく**複数の人の間にある「係わり合い」**である。したがって、大勢の人を集めても中身が個人向けの研修などは「個」に入れる。

次いで、2つめの切り口「どうやって働き掛けるか」については、**これを「外発」と「内発」の2つ**に分ける。

「外発」は**報酬や罰を与えることで人の意欲を外側から喚起する、**「内発」は**人がもともと持っている意欲を尊重する**（外側から力を加えない）働き掛けである。前者はよくアメとムチと呼ばれている。後者にはそういう気の利いた言い方はなく、俗にやる気、意欲と言われている。

これらを使ってアプローチを整理すると、以下の5つのグループに分けることができる。

グループ①：「個」・「外発」
グループ②：「個」・「内発」
グループ③：「集団」・「外発」
グループ④：「集団」・「内発」
グループ⑤：②（「個」・「内発」）と③（「集団」・「外発」）のクロス

それぞれのグループには、どんなアプローチが入るか。

代表的なものをあげてみたい。

グループ①（「個」・「外発」）に入るのは、「外発性の動機付け」である。目標を達成すれば昇進、昇格させる**「インセンティブ型の人事」**、悪評の高い**「成果主義」**といったアプローチがこれに当たる。

グループ②（「個」・「内発」）に入るのは、「内発性の動機付け」である。「内発性」は何によって形成されるかはっきりしていないため、**上司ー部下のコミュニケーション**に委ねられていることが多い。また、この2~3年、働く意義や気づきを促すための**「自分発見型の研修」**が広まっているが、そうしたものもここに入る。

グループ③（「集団」・「外発」）に入るのは、**「組織文化」**、**「通常ベース（参加強制、テーマ所与など）の小集団活動」**、**「経営ビジョンの見える化」**などである。

「組織文化」とは、組織に属する者が仕事を通じて自然に共有する価値観であり、その意味では「内発」に入れるべきだが、一人ひとりの思いを組織の戦略、目標と整合させ、組織パフォーマンスを高めるという視点で取り組んでいることが多い。このことから、「外発」に入れる。

「通常の小集団活動」とは何か。一口に小集団活動といっても、いろいろなバリエーションがあり、活動への参加の自由／強制、テーマ選定の自由／強制、結果評価の有／無で、タイプ分けできる。

ふつうＱＣで行われている活動は、参加は会社からの指名（強制）、取り上げるテーマは会社が提供（強制）、活動結果はコンテストなどで評価（有）のことが多い。そこで、本書ではこれを通常と呼んで「集団」・「外発」に入れる。

グループ⑤（「個」・「内発」と「集団」・「外発」のクロス）に入るのは、**「コーチング」**や**「メンタリング」**である。

「コーチング」は必要な能力とスキルを持ったコーチが、コミュニケーションを通じて対

図2 「現場力」アプローチ・マップ

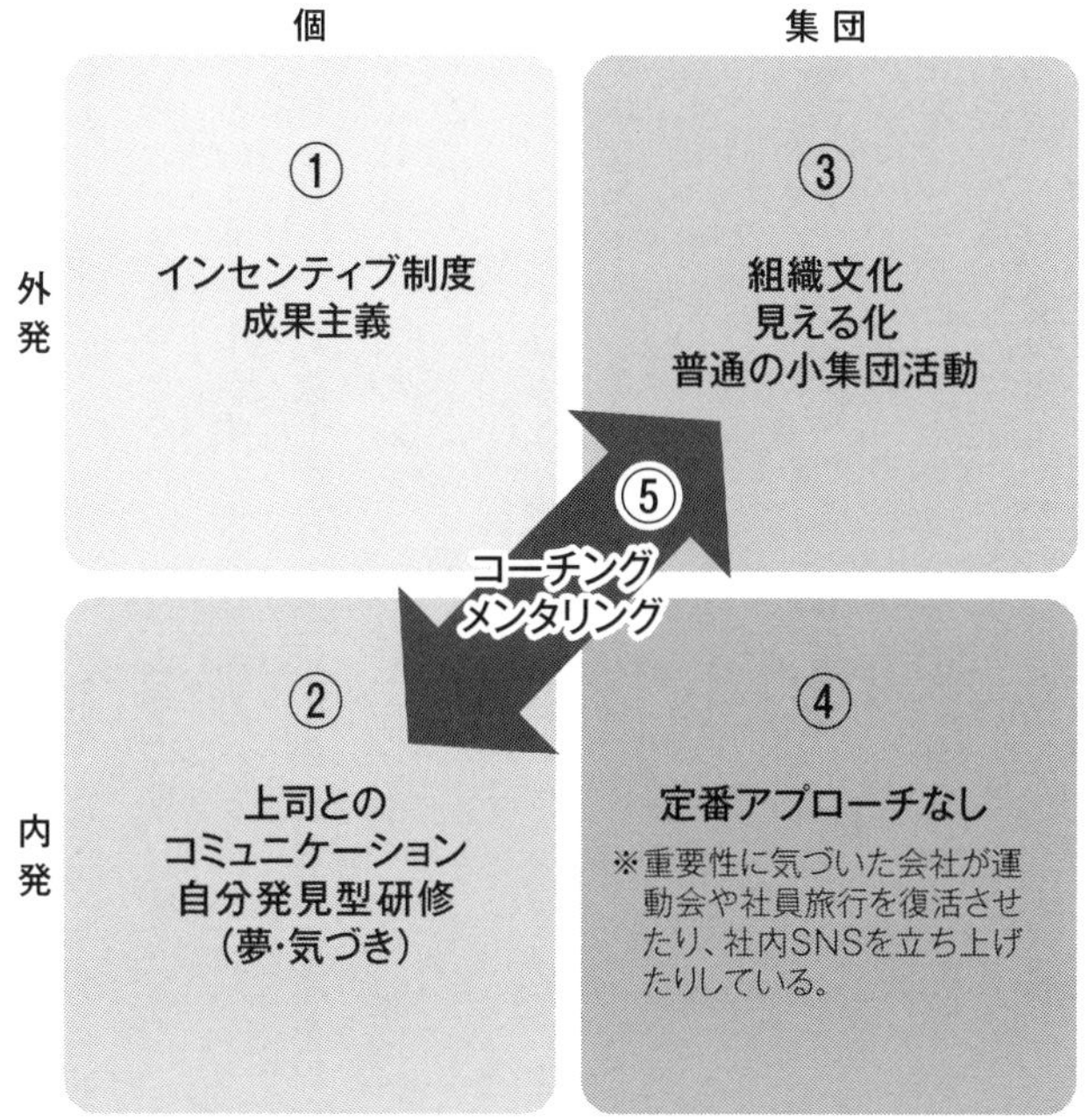

「現場力」に直接・間接かかわるアプローチを
整理すると、5つのグループに分けることができる。

象となる人が実現したいゴールを明確にし、効率的に成果があがるようサポートするものである。これに対して、「メンタリング」は似ているがもっと範囲が広く、特定の領域において知識、スキル、人脈などを持ったメンターが、そうでない人に対してともに学びながら成果をあげるのをサポートするものである。

いずれのアプローチも、対象とする人の目標の設定と達成を、組織の戦略・目標に沿って実現できるように調整しているため、「個」・「内発」と「集団」・「外発」のクロスというグループに入れた。

これらに対して、**グループ④（「集団」・「内発」）**はどうか。これまで、**これといった定番のアプローチがなかった**と考えている。

重要な「集団」・「内発」アプローチ

この数年、グループ①（「個」・「外発」）の「成果主義」への批判が高まり、その影響で、グループ②（「個」・「内発」）、③（「集団」・「外発」）、⑤（「個」・「内発」と「集団」・「外発」のクロス）のアプローチに取り組む会社が増えていた。

このなかで目立っていたのは、「個」・「内発」アプローチで、一人ひとりが「自分の夢を思い出す」、「気づきを得る」といった「自分発見型」の研修で、部門でバスを仕立てて合宿に行くなど力を入れている会社もあった。

しかし、思ったように成果があがって来ないため、昨年あたりから、**グループ④（「集団」・「内発」）に注目が移りつつある。**

10年前のデフレ時に経費削減の一環で廃止した社員旅行や運動会を復活したり、もっと手っ取り早く、部門の飲み会の回数を増やしたといった会社や職場は少なくない。

また、新しい試みとして社内SNSやメルマガなどに取り組むところも出て来ている。SNSとはソーシャル・ネットワーク・サービスの略で、人と人のつながりを促進・サポートするコミュニティ型の会員サービスで、Webで行われことが多くミクシィなどが有名である。私くらいの年代になると、こうした非対面コミュニケーションは冷たい関係のように感じられるが、新しいメディアに慣れている若者にとってはそれなりに有効なようである。

先ほど、このグループに入れるアプローチにはこれまでこれと決まった定番はなかったと書いたが、今後ここに入れるべきものとして、**「CDGM」**(2)をあげたい。

「ＣＤＧＭ」とは、**クリエイティブ・ダイナミック・グループ・メソッド**の略で、参加する／しない、扱うテーマもフリー、活動結果は評価しないという、**完全な「内発型」の小集団活動**である。

品質管理で高名なデミング博士の右腕で、長年、米国でＴＱＭなどに取り組んできたカリフォルニア州立大学名誉教授である吉田耕作氏が、日本に戻ってから力を入れて提唱・推進しているアプローチである。

私と伊藤（第Ⅱ部を担当）が本書で提言したいのは、この「ＣＤＧＭ」のなかでキーワードである**「人と人の関係」に焦点を当て、どうやったら「現場力」を高める「人と人の関係」ができるか、それを継続的なものにするにはどうしたらよいかを現場に入り込んでファシリーテーションして行く**アプローチである。

これを**「関係性アプローチ」**と呼ぶ。

関係性が持つパワー

「人と人の関係」はどのように形成されるのか、そこから生まれる「力」とはどのようなものか。言葉で説明してもイメージがわかないと思うので、高校の合唱団と企業の営業部のケースを紹介したい。

高校の合唱部に見る「人と人の関係」とその「力」

これはある学会の部会で聞いた話である。たいへん印象深かったので、私なりの解釈も交えて説明したい。

そこはいつも全国大会に出て来るような、合唱では名門の高校ということだった。

その高校では、毎年、大会で歌う曲を選ぶと、歌詞の解釈について討議して、解釈が一致するまで歌の練習はしないと言う。

これはまったく私の想像だが、「これは失恋して悲しんでいる歌だ」とか「片思いの辛さを表している歌だ」とか、生徒同士でそういうふうに語り合っているのだろう。人は悲しいときは胸が痛むし、悩んでいるときは胃が痛くなる。気持ちは身体とつながっている。歌詞を解釈するプロセスを通じて生徒たちは、歌詞にこめられた気持ちを身体レベルで自分のこととして受け入れたのではないか。こうして、もともとは個人のものだった解釈がメンバーの間に身体レベルで共有されて行く。さらに、声を出して歌うことで身体の感覚のズレを確認して、他のメンバーと重ね合わせて行く。[3][4]

こうした身体を通じたフィードバック・ループを重ねることで、いつしか合唱は**実感を伴った「つながり」を保持**するようになる。そして、この「つながり」によって、一人ひとりが**全体（この場合は合唱団）と自分の2つを感覚のなかで捉えて、歌うたびに変わる自分と他人を全体の調和を壊すことなく活かして行く、まるでひとつの生き物のようになる**のではないか。こうして歌った合唱は、恐らく、上手・下手を越えた次元で聴く人に何かを訴え、感動を生む。

この高校はいつも全国の上位に入ると言う。

この例から我々は、人と人の「係わり合い」が一人ひとりのスキル・能力の積み上げとは違う次元のパワーを持つことを知ることができる。これが、本書の考える「人と人の関係」が生むプロセスであり、そこから生まれる「力」である。

営業の現場に見る「人と人の関係」とその「力」

これは、本書の提言している「関係性アプローチ」を使って「現場力」を回復した、ある会社のダイレクト営業部の話である。

その会社では、他業態からエキスパートを転職で入社させ、一人ひとりが持つ経験・スキルを引き出せるように「成果主義」をとった。

転職で入った者には、新入社員からの同期のような気のおけない仲間がいない。その上に成果主義をとったので、「周りは成果を競い合う敵」、「困ったことも相談できない」と孤独に悩む者が増え、部門のパフォーマンスを落としてしまった。こうした状況を解決するため、マネジメントの判断で「関係性アプローチ」にチャレンジすることになった。

この会社のケースは、「関係性アプローチ」の具体的な進め方も含めて第Ⅱ部で詳しく説明しているので、ここではごくさわりだけ紹介したい。

「関係性アプローチ」では、「CDGM」の流儀に則って参加する／しない、扱うテーマも自由、結果は評価しないという方針で希望者を募り、まずは、グループで不満、不安をぶつけ合うところからスタートする。

不満、不安はダイレクトに身体につながっている。誰でも経験があると思うが、あまり溜まると体調を崩してしまう。活動のなかで参加者は他人の悩みを聞き、それを自分のこととして受け入れたのだろう。大半の者が後からこのときのことを振り返って、「他人も自分と同じような悩みを持っていることが分かって安心した」と言っている。

皆同じように転職して来て同じ風土の職場にいるので、考えてみれば当たり前のことなのだが、心は納得しない。それが、同じ不安、不満を持っていることを身体で共有したことで、先の合唱と同じように**実感を伴った「つながり」を保持するようになった。その結果、それまでの「敵」は「味方」、「孤独」は「仲間」に変わり、職場での関心が「自分さえ」から「皆のため」に移った。**

「関係性アプローチ」で不満、不安のぶつけ合いの次に来るフェーズは、職場の身近な問題の洗い出し、解決方法の検討と実現である。この段階に来て、はじめて、いろいろな業態から転職して来たメンバーのバラエティに富んだ経験・スキルが活かされて来た。次々

図3　組織のパワーは個＋個＜関係

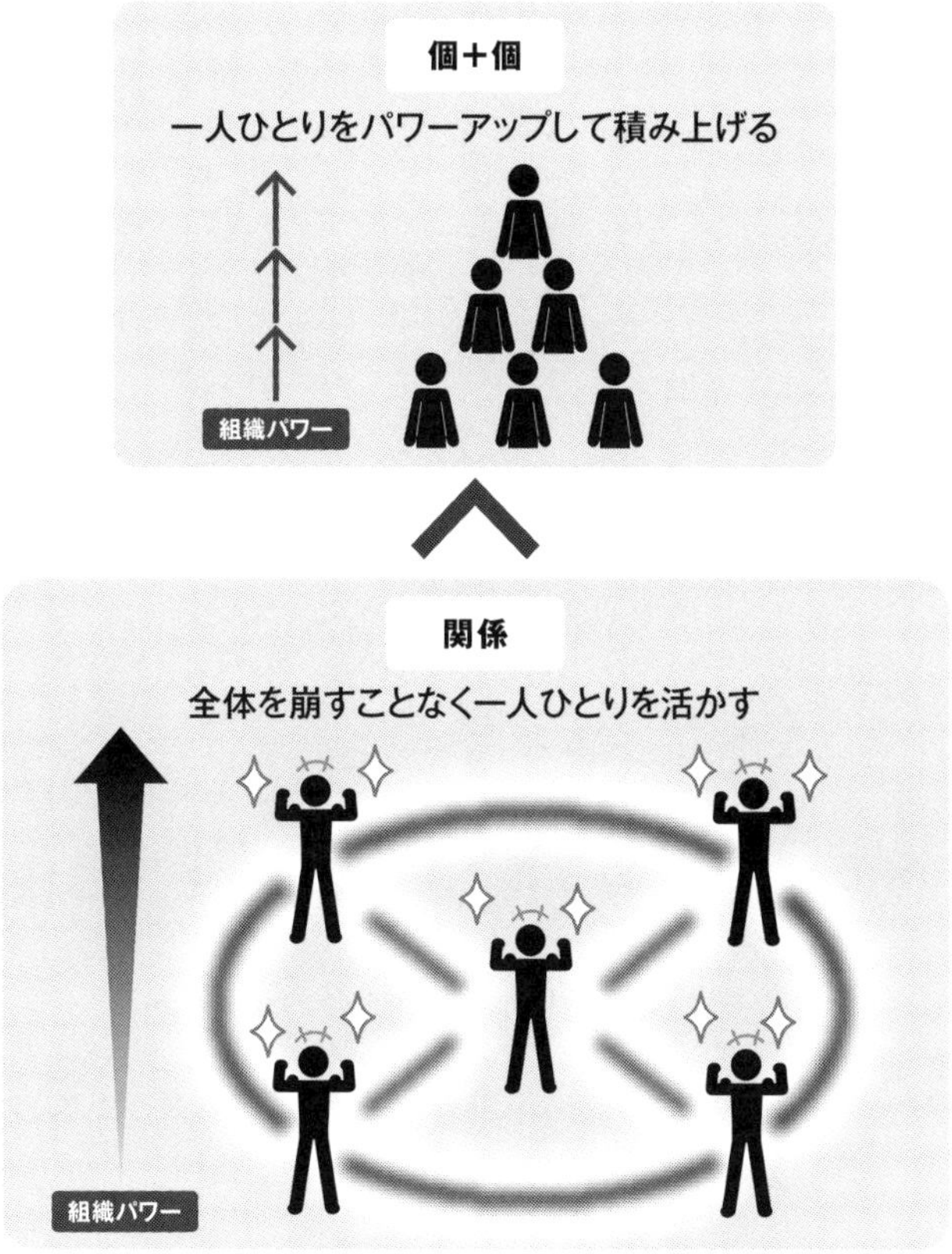

身体レベルでつながった「人と人の関係」から
能動的なパワーを引き出すことができる。

とユニークなアイデアを出しては、皆で検討して実行して行く。そして、それが当たり前の雰囲気になって行った。先にあげた社内のメルマガの例は、このなかでメンバーが提案して実現したものである。

この職場では、さらに、営業成績がアップするというオマケまでついた。

いずれにせよ、一見、遠回りのようだが、成果主義で「個」の経験・スキルから直接パワーを引き出そうとするのでなく、**身体レベルでつながった「人と人の関係」から能動的にそれが出るようにして、「個」の積み上げでは得られないパワーを生み出す。**これが、先ほど紹介した高校の合唱と同じメカニズムであることは、理解していただけると思う。

本書が提言しているのは、以上のように「人と人の関係」をどうやって形成するか、そこからどうやって「力」を引き出すかを考え、実践する、そういうアプローチである。

第2章

「やって知る」で理解する

これまで、多くの企業は、組織が元気を失っていると知りながら「現場力」の回復に取り組んで来なかった。その理由のひとつに、「現場力」に対する共通理解がなかったことがある。

そこで、本章では「現場力」を理解する共通のフレームワークを作ることを目的に、企業の活動を「事象を意味づけ、行動する『知的活動』の集合体」とおき、その上で、タイプの異なる2つの「知的活動」である「知ってやる」と「やって知る」という概念を使って、どうして企業は「現場力」を失ってしまったかを説明する。また、どうすればそれを回復できるのかを考える。

マネジメントは「現場力」をどう見て来たか

マネジメントは「現場力」をどのように理解、評価、判断して来たか。

これまでは、**組織の目的・成果にどれだけ貢献するか、そういう経済的な物差しで評価して来た**のではないか。「販売高が○○%アップする」、「今の取り組みをさらに促進する」といった辺りが、担当者が稟議を通すときの常套句だったと思われる。これは、従来のアプローチが見える化やインセンティブなど「外発型」中心だったことによる。

これに対して「内発型」のアプローチは人の内面を扱っているため、組織の成果にダイレクトに結びつかず、評価するのが難しい。「効果は?」と上司から突っ込まれるのを恐れて、起案するのを躊躇する担当者も少なくなかったのではないか。

それでも、これまでは個を対象としていてコスト負担も小さいため、現場の管理職ワークの一環としてそれなりに対応して来た。しかし、「集団」・「内発」のアプローチとなると対象とする人数が多く期間もかかるため、管理職任せでは済まない。

組織でこのアプローチに取り組むには、**経済的に測るのでない、もっと別の物差しが必要**になって来る。

本書の考える「現場力」の見方

「集団」・「内発」アプローチによる「現場力」の効果を計るための、経済的でない物差しとはどういうものか。

「知ってやる」と「やって知る」

そもそも、会社の仕事とはどういうものか。

意思決定の集合体、情報処理の集合体など、いろいろな見方が考えられる。そのなかで、本書では、事象をどう捉える（意味づける）か、それをもとにどう行動するかという「知的活動」あるいは、そのプロセスの集合体と見る。

この人の**「知的活動」**には、**「知ってやる」、「やって知る」という2つのタイプがある。**

順に説明したい。

「知ってやる」とは何か

「知ってやる」とは、**事前に知っている知識でもの事を理解・判断して、行動する活動**である。ビジネス書で「科学的○○」とか「○○を科学する」といった呼び方をしているもののはほとんどこれに入る。

哲学者で明治大学名誉教授の中村雄二郎氏は、これを**「科学の知」**と呼んでいる。[5]

同氏の考える「科学の知」は、例外なくどこでも、いつでも当てはまる（普遍性）、主張することが明確で、説明が首尾一貫していている（論理性）、対象が誰もが認めざるを得ない事実としてある（客観性）、という3つをあわせ持ったものの見方である。

この「知」について同氏は、最初に選んだ道筋でしか問題を立てられず、他の見方や議論を排除、人間の感情や思いを切り捨てる欠点がある。そして、この2～300年の間、人間はこの見方を通さずに「現実」を見ることができなくなったと指摘している。ビジネス書として、この説明はちょっと難しい。そこで、本書では同じことを今持っている「知識」で物事を捉え、それをもとに（他人も巻き込んで）行動するタイプと整理し、これを「知ってやる」と呼ぶことにする。

「やって知る」とは何か

「やって知る」は、事前の知識による判断をせず、**まず行動して、そこから理解・知識を得る活動**である。自転車に乗るのに、何度も転んで痛い目に遭って覚えたりするのはこれに入る。

中村氏はこれを**「臨床の知」**と呼んでいる。(5)

同氏の考える「臨床の知」は、「科学の知」によって見えなくなったリアリティを捉えるものの見方で、事物の持つ、それぞれに固有の世界を持っている（コスモトロジー）、多義性がある（シンボリズム）、事物に身体を通じて係わる（パフォーマンス）、という3つの性質に対応している。

これもまた、難解な説明である。そこで、本書ではずっとシンプルに「やって知る」と言い換えることにする。

「やって知る」は事前の知識で判断しないため、事物の持つ固有の世界を否定しない。また、多義性を丸ごと受け入れ、それを身体で実感・理解する。したがって、「臨床の知」と同じ意味になると考えている。

「知ってやる」に偏重したこの10年のビジネス

仕事のなかの「知ってやる」「やって知る」

以上に見た「知ってやる」、「やって知る」という切り口で、ビジネスを眺めるとどうなるだろうか。

「知ってやる」にあたるのは、本社の企画が論理的に作成、全社で理解・共有する「戦略」、「計画」、「手順」などである。これに対して、現場の担当が持っている「経験」、「勘」、「工夫」などが「やって知る」に入る。最近、流行っている「ロジカル・シンキング」は典型的な「知ってやる」、「知識創造論」から広まった「暗黙知」は典型的な「やって知る」である。どちらも日常的に使っている言葉だが、「知的活動」としては正反対のタイプになる。

こうやって見ると、**「経験」、「勘」、「工夫」、「暗黙知」など「現場力」につながる要素の多くが「やって知る」のタイプ**であることが分かる。

「知ってやる」で進めたビジネス改革

デフレに始まったこの10年、企業は合理化・効率化を目標に、BPR[6]、見える化（KPI[7]、BPM[8]など）、成果主義といった米国流のメソドロジーを使って、経営管理、人事管理、業務プロセスなどあらゆる分野で改革を進めた。

BPRを例にその進め方を見ると、まず、処理の時間・数やフロー図などで業務の現状を「見える化」する。次いで、無駄のない「あるべき姿」をロジカルに作成し、両者のギャップを埋めるよう業務のプロセス・体制を改める。ざっとこんなステップになる。

ところで、どんな職場にも「この道○年」と言われるベテランがいる。彼（あるいは彼女）は、めったにないが起こるとやっかいな仕事を独自の経験とノウハウで処理する。暗黙のうちにそういう役割を負っていることが多い。こうした属人的な要素は、時間・処理数やフロー図で「見える化」できないため、メソドロジーで改革を進めるとき、いったん横に置かれてしまう。

以上を「知ってやる」と「やって知る」で説明するとどうなるか。

「見える化」したものを対象に、ロジカルに考える米国流の**メソドロジーは「知ってやる」、「この道○年」のベテランの経験とノウハウは「やって知る」にあたる。そして、「知ってやる」を優先して「やって知る」を後回しにして来た、**そう言えるだろう。

「知ってやる」の弊害

「現場力」に関する原因と結果を最も外側から眺めるとすると、こうしたメソドロジーによる改革が「やって知る」を軽視し「現場力」を低下させた、そう見える。

では、**メソドロジー=悪なのだろうか。**

私は、**そうは言えないと考えている。**

デフレ不況にあった10年前、どの企業も生き残るために思い切ったコスト削減が必要だった。コスト削減は痛みを伴うため、関連する部署は自分の立場から今の体制が必要なことをいろいろ理由をつけて主張して来る。それを一つひとつ斟酌していては、思い切った改革はできない。そこで、**誰もが納得する共通の基準が必要になる。「知ってやる」でロジカルにベストな解を作ることは、その点で意味があった。**

実際、メソドロジーを使うことで、多くの会社がスムーズにビジネス改革、思い切ったコスト削減に成功した。ただ、ビジネス改革、コスト削減に成功した後に、いったん横においた「やって知る」を戻しておけばよかった、私はそう考えている。

メソドロジーでビジネス改革に成功するなか、このまま「知ってやる」を推し進めればよい、そう思う人は少なくない。そして、そのままの勢いで新しいプロセスを回すのに余計な人は無駄と、社員を配置替えし、パートを解雇してしまった会社は多い。このとき、「この道〇年」のベテランほど、配置替え・解雇の対象になりやすい。その結果、貴重なノウハウを失ってしまったケースがいくつもある。

「知ってやる」の「見える化」、「ロジカル」には、分かりやすく、そのなかにいる限り自分は正しいと安心できる、そういう魔力がある。この罠に陥ってしまう人が多い。これはマネジメントにも、企画担当にも、経営コンサルタントにも見受けられる。

例えば、「費用対効果」。

皆さんの周りには、なんでもかんでも「効果がはっきりしないと、オレは通さないぞ」というマネジメントはいないだろうか。「効果がはっきりしない」部分があるのは当たり前、リスクをリスクと知って飲み込むのがマネジメントでしょ、そう言いたくなるようなタイプの人である。

「現場力」が低下した原因と結果を、もう少し内側まで入って見ると、**メソドロジー＝悪でなく、メソドロジー＝「知ってやる」の罠に陥ってしまうこと、これこそが原因だった**ことが分かる、私はそう考えている。

■「やって知る」を重視する動き

「知ってやる」の優位はこれまで説明した企業ビジネスに限らず、もっと**広く社会一般に共通した風潮だった**ように見える。ここに来て、ビジネスの「現場力」低下と同様、いろいろな局面で限界が問題になっている。特徴的な例として、マーケティングと教育について紹介したい。

マーケティングでの「知ってやる」の限界と「やって知る」

この数年で、**「こだわり派」と呼ばれる消費者**が増えて来た。

これは、自分のこだわっているものであれば値段が高くても買う、反対に自分がこだわっていないものなら徹底して安くするという消費スタイルである。彼らがこだわっているのは**商品・サービスに付随するデザイン、意味、思いなど**である。(9)

企業としては、当然ながら、値段の高い商品・サービスを購入してくれる「こだわり派」にリーチしたい。それには、**彼らの思いを掘り起こす必要**がある。そうした状況のなか、**「ビジネス・エスノグラフィ」が注目されている。**

「エスノグラフィ」とは、人類学のフィールドワークの手法である。

どのようなものか、ごく簡単に言うと、かつて、アジアやアフリカに進出した欧米人は、土着の文化を見て「何て遅れているんだ」と感じた。これは当たり前で、欧米の言葉と常識で解釈すればそうなるのは必然である。しかし、これでは異なる文化を理解したことにはならない。異文化を知るには、そこに住まう人の感じていること、考えていることを、彼らの言葉で彼らがベースとしている常識を知った上で捉える必要がある。「エスノグラフィ」とは、そういうアクティビティである。

同じことが企業にもあてはまる。

これまで企業は、過去データを分析して、ロジカルに顧客ニーズを明らかにし、見込み客を識別しようとして来た。これで、本当に顧客のことを知っていると言えるのか。ニーズの名の下に、自分の言葉と常識で勝手に決め付けていたのではないか。そういう反省から、人類学の「エスノグラフィ」をビジネスに使おうという動きがある。これが、「ビジネス・エスノグラフィ」である。

これを「やって知る」と「知ってやる」で見るとどうか。

過去のデータを分析して、顧客ニーズや見込み客を識別するのは「知ってやる」、相手の言葉で相手の思いを知ろうとする「エスノグラフィ」は「やって知る」である。

なお、「エスノグラフィ」を進めるには観察、参与、面接の3つをベースとした具体的な手順が必要になるが、これと決まった定番がなく本旨からも外れることから、ここでは説明を割愛したい。

教育での「知ってやる」の限界と「やって知る」

「便所メシ」という言葉がある。ご存知だろうか。

高校や大学で1人で学食に行けない学生が便所で弁当を食べているというもので、朝日新聞が報道したときは、[10]あまりの悲惨さに過剰報道ではないかとの反論もあった。

知っている学生に聞いたところ、便所とまでは言わないが1人で学食に行けず、誰もいない教室、人目のないグラウンド、あるいは学外に行って昼を食べている人が少なくないという。その理由を聞いたところ、1人で学食に入ると、友だち連れで来ている人たちから**「友達がいない」**、**「ハブられている」**[11]**と思われ、馬鹿にされるのが嫌だ**ということだった。

こうした最近の若者の問題に対応するアプローチとして、**「インプロビゼーション」が注目されている。**「インプロビゼーション」とは、**即興演劇のスキームを使って人と人のコミュニケーションを再生する取り組み**である。

学芸大の准教授でインプロビゼーションのワークショップもやっている高尾隆氏によれ

ば、最近の若者は「何かを言ったり、何かをしたりするかも知れない自分のなかにいる想像上の他者」を見て、それを恐れる傾向が強いという。(12)

即興劇をする「インプロビゼーション」では、とりあえず、他者と一緒に劇をしなければならないため、**見えない敵、他者の評価といった想像上の不安をいったん外に置く**ことになる。そのとき、グットネイチャな自分が動き始め、また、想像の向うに現実の他者が現れる。

そして、からだと心を投入して楽しみながらやることで、**他者との交流を通して、自分はこれでやっていくという物語を作る**ことができる。

同氏の話では、最近では、企業の研修でこの「インプロビゼーション」を使うケースも増えているという。

これを「知ってやる」と「やって知る」で言うと、**過去の知見から相手を決め付けて恐れている学生は「知ってやる」、これに対して、インプロビゼーションで他者と係わり、本当の自分を知るのが「やって知る」**になる。

以上に見たように、ビジネスに限らず、マーケティングや教育においても、「やって知る」への注目が広まりつつある。

■「知ってやる」と「やって知る」をどうバランスすべきか

これまで軽視、排除して来た「やって知る」をどうやって取り戻し、「知ってやる」と組み合わせるか。本書なりの考え方を提言する。

「知ってやる」だけで済む仕事はない

ちょっと突拍子もないが、後段とのつながりから、狩猟生活を仕事と見立てて例としたい。

狩猟の仕事を構造化すると、

①獲った獲物の調理・保存・分配
②どこにいるか分かっている獲物の狩り
③どこにいるか分かっていない獲物の狩り

こんな感じで分けられるだろう。

これを「知ってやる」と「やって知る」で見ると、**①、②は、**「この肉は、こう調理すると最も長く保存できる」、あるいは「あの水のみ場に行けば、いつもイノシシが○○頭くらいいる」といった具合で、**過去の知識で判断、計画、管理できるため、「知ってやる」**に当たる。

これに対して**③は、**どこに、どれくらいいるか分からない獲物を獲るのだから、**とにかく行ってみないと分からないため、「やって知る」**に当たる。日頃の仕事から、①、②の「知ってやる」だけで済むように思えるが、いずれ食料がなくなってしまうので、**どうしても③の「やって知る」の仕事が必要になって来る**（図4）。

これをイメージ図で現すと、**「知ってやる」の外に「やって知る」が取り囲むように広がっている、**そういう形になる（図5―1）。

また、「知ってやる」の①、②でも、「調理に失敗した」とか「旱魃《かんばつ》で水飲み場が枯れてしまった」とか不測の事態は起こりうる。そのときは、長老などの経験、知恵でカバーするため「やって知る」が必要になる。

これをイメージ図で現すと、「やって知る」のなかにある**「知ってやる」のなかに、さ**

らに「やって知る」が挿入して来る、そういう形になるだろう（図5―2）。

さらに、この2つの境界は状況によっていろいろに変化して行く。

このように、**「知ってやる」と「やって知る」は可変のマーブル模様**のようになってい

て、どこからが「知ってやる」でどこからが「やって知る」かはっきりしない、そういう

切り離せない「全体」のなかにある（図5―3）。

「やって知る」は天からの恵み

「知ってやる」と「やって知る」が可変のマーブル模様になっていて切り離せないこと、

分かりやすくて安心できる「知ってやる」だけでは充分でなく、「やって知る」が必要な

ことは分かった。

とすると、次に考えるべきは**これらをどうマネージするか**である。

企業の経営には計画、管理のサイクルが必須である。したがって、まず、**立ち位置を**

「知ってやる」に置いて、そこから「やって知る」をどうやって取り込むかを考えるのが

妥当と思われる。

図4　狩猟を仕事として見る

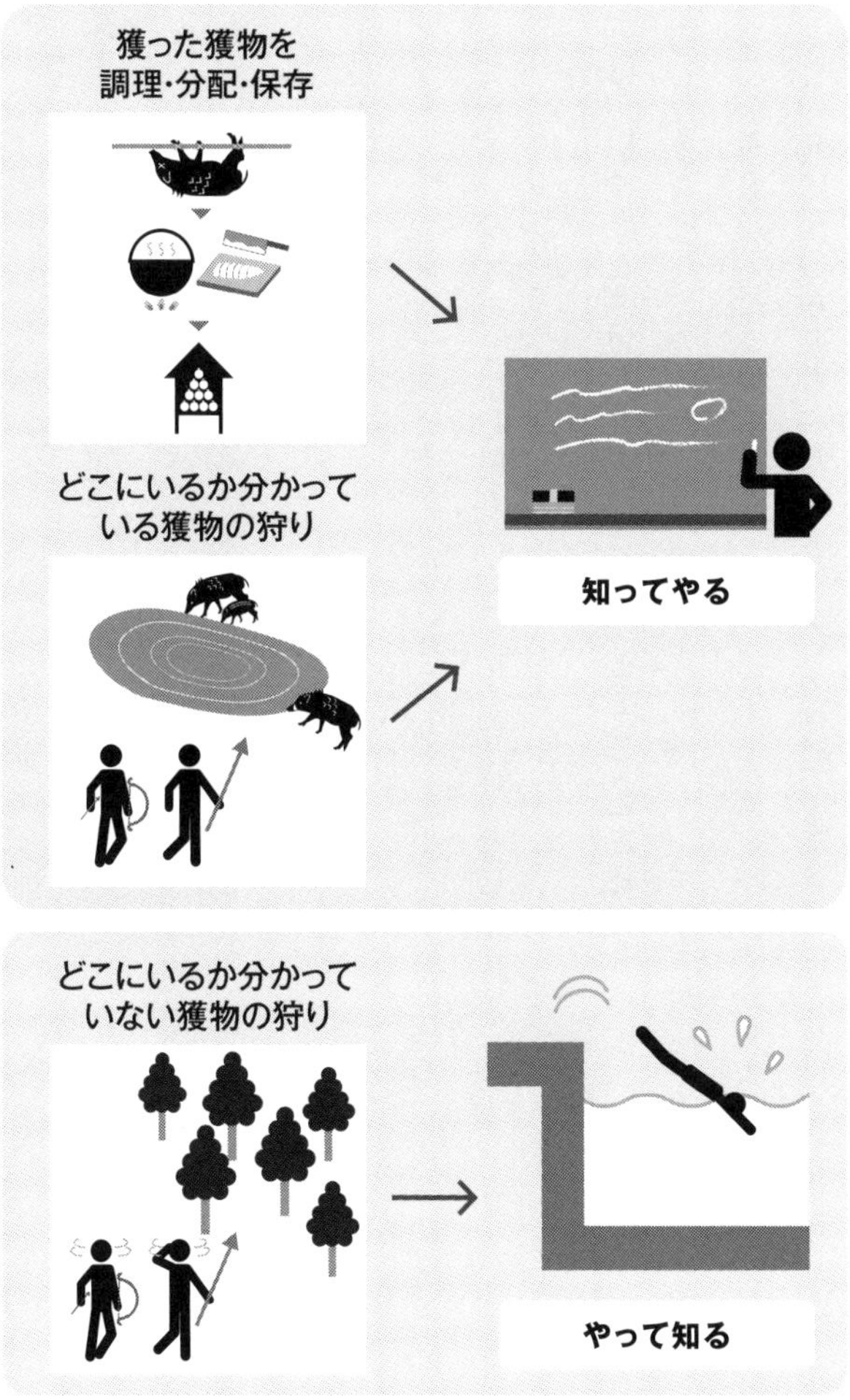

と言っても、イメージがわかないと思うので、例をあげたい。

・「知ってやる」の風船に「やって知る」を取り込む

我々は、今、「知ってやる」で閉じた風船のなかにいる、そう想像していただきたい。風船のなかにいると、いずれ空気がなくなって窒息してしまう。そこで、何としても空気穴が必要になる。空気穴の外には「知ってやる」を取り囲むように「やって知る」のエリアが広がっている。

では、どうやって空気穴を開けるか、これは難しくない。事前に知っている知識で理解、判断（知ってやる）せず、まず行動し、そこから知識、理解を得る（やって知る）、そういう取り組みをすればよい。

難しいのは、いったん開けた空気穴を維持することにある。

先に説明したように、「知ってやる」は分かりやすく、そのなかにいる限り自分は正しいと安心していられる、そういう性質がある。このため、空気穴から入って来る空気も、あるいは、その元になる領域も「知ってやる」で理解できるものと見做して管理したくなる。いわゆる「見える化」である。そうなると、外気の元になる領域は「知ってやる」に

図5-1~3　「知ってやる」と「やって知る」はマーブル模様

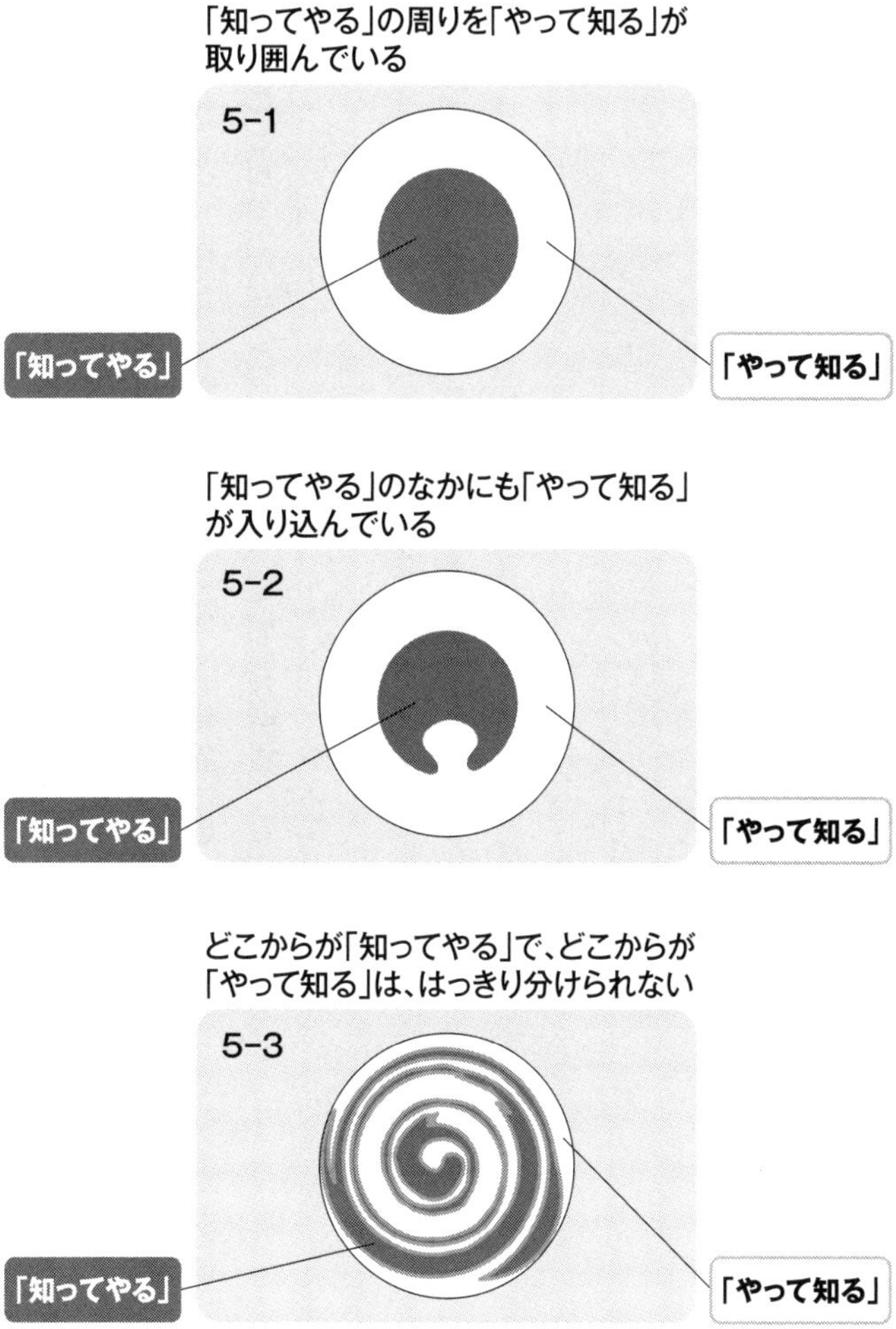
「知ってやる」の周りを「やって知る」が
取り囲んでいる
5-1
「知ってやる」
「やって知る」
「知ってやる」のなかにも「やって知る」
が入り込んでいる
5-2
「知ってやる」
「やって知る」
どこからが「知ってやる」で、どこからが
「やって知る」は、はっきり分けられない
5-3
「知ってやる」
「やって知る」

取り込まれる。風船で言うと表面のゴムが外側に広がって空気穴を閉じてしまい、我々は再び風船のなかに戻ってしまう。

いったん開けた空気穴を維持するためには、**「知ってやる」の外に理解できない「やって知る」があること、自分たちが「全体」となる「世界」のなかで「知ってやる」という部分にいることを知っていること、忘れないことが必要**になる。[13]

そのために、どうしたらよいか。ヒントになる話を2つあげたい。

・インディアン、アイヌに見る「やって知る」の扱い方

先ほど説明した狩猟生活、あれを実際にしている、あるいは、していた人たちは、「やって知る」をどう扱っていたか。

例えば、アイヌやインディアン。

彼らは、狩猟して獲れた獲物について、それを**「神」からの「恵」**と考えていた。

先ほどの狩猟を仕事と見立てた例で言うと、獲物を獲っても、獲っても提供してくれる「神」は、どこにいるか分からない獲物の狩猟である③から、どこにいるか分かる獲物の狩猟である②、それを調理・保存する①に、無限に「恵」をチャージしてくれる空気穴に

当たる。

では、「知ってやる」の①、②と「やって知る」の③とをつなぐこの空気穴を、どうやって維持していたか。

インディアンやアイヌは、獲った獲物について**「神」に「感謝」を返していた**。これは本当に有名な話で、いろいろな小説・映画でも使われている。最近で言うと、革新的な3Dの映像で評判になった映画「アバター」がそうである。

物語の舞台となったのは、はるか遠いパンドラという星である。稀少資源を根こそぎしようとその星に乗り込んだ人間に対して、自然と調和した暮らしをしている土着のナビィという種族がいる。いろいろ経緯があって、部族長の美しい娘と人間である主人公とが恋仲になる。

あるとき、主人公がパンドラの森のなかで獣を殺す事件が起こる。このとき彼女が「必ず感謝を返すように」と優しく諭すくだりがある。3Dの映像で見る森の景観が本当に美しく印象に残るシーンの1つだが、これなどは先のインディアンの話を参考にしていると思われる。

ところで、「神」というのは不可知の存在なので、「神」があってそれに「感謝」するという順でなく、**「感謝」という理解できる行為によって相手が「神」であると認識するという順だった**と考えられる。

企業の経営でも同じように考えられる。**ビジネスでは「知ってやる」優位になりやすいため**、どうしても「やって知る」を忘れがちである。それを**「感謝」という行為によって繰り返し認識し直すことで、両者をつなぐ空気穴を維持する**、そういうことが必要だと考える。

・オーケストラの演奏に見る「やって知る」の扱い

以上の話に対して、それは自然の話でしょ、企業の経営が相手にしているのは人間だよ、という指摘があるかも知れない。

私は、人間も自然と変らないと考えている。

参考になる話が、漫画の『のだめカンタービレ』にある。(14) 数年前にドラマ化され、今年になって映画化もされた人気コミックなので、知っている人が多いと思う。

少し長くなるが、紹介したい。

音大に通う主人公の野田恵（のだめ）が憧れている同じピアノ科の先輩・千秋真一は、幼い頃から指揮者になるのが夢だった。ひそかに勉強をしているが、学生かつピアノ科の立場なので、オーケストラを指揮する機会がなく、失意の日を過ごしている。

そんなとき、世界的な指揮者であるシュトレーゼマンが来日して、二人の通う大学の客員教授に就く。シュトレーゼマンは学内の変わり者（才能はあるが今は下手）を集めて、自分だけのスペシャル・オーケストラを編成する。ひょんなことから千秋はこのオーケストラを指揮する機会を得る。

生まれて初めての指揮、期待に胸を膨らました千秋だったが、すぐにメンバーが下手なことに失望する。しかし、せっかくの機会だからと、一人ひとりの誤りを細かく指摘し正しながら何とか思い通りの演奏をしようとする。しかし、彼の気持ちと裏腹に、メンバーが奏でる音は次第に小さくなり、最後は演奏できない状況になる。

これを見ていたシュトレーゼマンは、千秋を「失格」と断じ、**「演奏家の個性を尊敬すると、それが自分に返って来る」**と助言する。

これは、シュトレーゼマンが言った言葉そのものではないが、千秋はそのように受け取り、そこから「演奏家を思い通り動かそうとするのは駄目、**一人ひとりの演奏を尊重する**

ことで、回り道のようでも、結局は良い演奏になる」ことに気づき、大きく成長して行く。

本書の文脈で見ると、これをどう解釈できるだろうか。

千秋が最初にした細かく注文して思い通りの演奏にしようというやり方は、事前の知識で理解している「知ってやる」の風船の範囲で、オーケストラ音楽を作り出そうとしたものだった、そう言える。しかし、演奏者の曲に対するイメージ、他の演奏者の音を聞いて得るインスピレーションなどは、閉じた風船のなかでは捉えられない。

これに対して、シュトレーゼマンが言った演奏者を「尊敬」するは、演奏者の音楽が「知ってやる」の風船の外にある「やって知る」であること、そして、**自分の立ち位置である「知ってやる」と演奏者の「やって知る」をつなげてその「恵」を得ることで、初めてオーケストラの音楽を作れる**ことを教えている。これは、アイヌやインディアンの無限に獲物をチャージしてくれる「神」と同じ話である。

このことは、音楽に限らない。仕事をする上で必要な**人の気持ちやアイデアは「知ってやる」でコントロールできる訳ではない、演奏家と同じように「やって知る」による「恵」である、**そう考えられないだろうか。

企業の経営にあって、「知ってやる」と「やって知る」の間の空気穴を開け続けるには、「尊敬」や「感謝」によって、相手が「知ってやる」で捉えられないことを知るべきである。

このところ、サステナブルという言葉が注目されているが、問題とすべきは地球、自然環境ばかりではない。**人間も同じで、サステナブルなマネジメントが必要**である。これがあって、初めて「現場力」につながるのである。[15]

どうやってマネジメントに理解してもらうか

さて、「知ってやる」と「やって知る」が両方とも必要なことは分かった。そして、「感謝」や「尊敬」をもって両者をつなぐというのも分かった。しかし、それでもなおマネジメントは「効果は？」と聞くだろう。これは、彼らが資源配分の責任を負っており、さらに、市場から短期の成果を求められているため、ある意味で仕方がない。

では、どうするか。

それも「やって知る」である。そのときのテーマを**「やって知る」で実践して、その価**

値を感じてもらうよりない、そう考えている。

これについて、マーケティングの世界で参考になる話がある。

博報堂の上席研究員でエスノグラフィを推進している田村大氏から聞いた米国の鉄道会社のケースで、私なりの解釈を加えて紹介したい。

その会社では、サービスを見直すため、エスノグラフィの手法を使って利用者の思いを掘り起こし、それに対応するサービスを考えた。しかし、サービスはきちっと数字で説明できる性質のものでないため、「効果」を求めるマネジメントにどうやって理解してもらうかが問題になった。

そこで、マネジメントに実際に電車に乗ってもらい、自分の経営している鉄道のサービスを利用者として身をもって感じてもらった。例えば、暑い車内を冷たいドリンクを探しまわって、思ったように買えないことを不快さとともに知るという具合である。このようにして、納得の上で新しいサービスに対する理解を得たという。

市場から短期での成果を求められているマネジメントが、傾向として「知ってやる」

中心になるのは仕方がない。しかし、長い眼で見るとそれではビジネスは回らなくなる。「知ってやる」で効率を追求するだけでなく、**部下のアイデアにのって一度は「やって知る」にチャレンジしてみる、そういう余裕が欲しい。**こういうのを**「懐の深いマネジメント」**と言うのではないか。

これは決して不可能なことではない。この10年の効率至上になる前、我々は**サントリーの「やってみなはれ」、3Mの「15%ルール」**を知っていたはずである。

サントリーは、机上の理論を繰り返しても物事は進まない、実行するなかで学びながら次の打ち手を考えるべきという実践哲学でビジネスに取り組み、洋酒、ビール、清涼飲料水までカバーする総合飲料メーカーに成長した。これを「やってみなはれ」と言う。

米国3Mでは、執務時間の15%を自分の好きな研究に使ってもよいとする不文律がある。「15%ルール」と呼ばれているものである。新商品の開発はそもそも歩留まりが悪いものだが、対象を決め付けずに研究するなかで新しいアイデアを出そうというもので、同社の強みになっている。有名なポストイットもここから出来たという[16]。

こうした話をしていると、すべてマネジメントに責任があるように見えるが、決してそうではない。**顧客の近くにいて「やって知る」に触れる機会が多いのは、何と言っても現場**である。したがって、先ほどの米国の鉄道会社の例のように現場が起点になって「**やって知る」にチャレンジして、マネジメントに共感してもらう、これは自分たちの仕事だくらいに考えることが必要**ではないか。

第3章

人体モデルで『現場力』を把握する

前章では、「現場力」の効果を経済とは違った目線で測るため、「知ってやる」と「やって知る」という新しい物差しを提言した。

「現場力」の回復に取り組むにあたっては、もう一つ重要なことがある。それは組織のなかのどこが悪いのか、どこまで治ったかについて関係者で理解を共有することである。それができないと、せっかくマネジメントから了承を取り付けて「現場力」の回復に取り組むことになっても、どこから手をつけたらよいか分からない。あるいは、どこまで回復したかを評価できない。それでは、稟議がとおらず、足踏みしているのと同じになってしまう。

そのためには、組織の「現場力」の状況を捉えるフレームワークが必要になる。

本章では、「人と人の関係」に着目して、どんなフレームワークが可能かを考えたい。

個とは「人と人の関係」による現象

「現場力」をどうやって実現するか。

従来のアプローチには、人を資源と捉えて、そこから効率的・効果的にパワーを引き出す、そういうものが多かった。本書は、それと立場を異えている。

人は「人と人の関係」のなかで気づき、成長し、満足を感じる。それがやる気や集団への貢献意欲につながり、次の気づき、成長、次の気づき、成長へとつながって行く。こうしたダイナミズムのなかで、組織としてのパワーが生まれて来る、そう考えている。

こうしたダイナミズムを丸ごと捉えるには、どうすればよいか。**ベースになるのは人の見方**である。従来の見方と大きく変える必要があるため、フレームワークの他のファクターとは別に、先に説明したい。

従来はどうやって人を見ていたか

企業あるいは経営学では、これまで人をどのように見て来たか。

古いところでは、金銭的報酬と懲罰だけに反応する機械のように捉える見方があった。これは「機械人モデル」と言われている。

それに対して、そうじゃない、人には集団への帰属、理想への参加など多様な欲求があるので、これらをカバーしたトータルな見方が必要だという意見があった。これは「全人モデル」と言われている。

少し飛んで、新しいところでは、80年代後半から90年代にかけて創造論が盛んになるなかで、創造のための「ゆらぎ」の起こし手、あるいは、組織を「創発」（自己組織化、ミクロ・マクロ・ループ）する担い手といった見方が広まった。

そして、直近の10年に特徴的だったのは、独立した「個」という見方である。

それ以前の日本では、上司—部下も、同僚もウェットな関係のなかで、独立した個という扱いを受けることは少なかった。これが変わったことについて、同志社大学教授の太田肇氏は2つの理由をあげている。(17)

1つは、企業や他人に依存したくないという若者が増えたこと、もう1つは、従来のウェットな関係を続けても、会社として返すものがなくなって来たことである。

それまでのウェットな関係では、上司から無碍な要求を受けることは日常茶飯事だった。職務に関係ないような頼みにも応じていたのは、そのことで定年まで無事に勤めることが保証される、あるいは暗に将来の昇進、昇給が約束される、そういう見返りを期待できたからだった。それが、デフレ不況のなかで企業に余裕がなくなり、見返りの保証がなくなった。そういうことである。

この**「独立した個」という見方には、良い面、悪い面**があった。

良い面としてあげられるのは何か。

人事制度として**キャリア・プログラムなどが整備され、個人として能力を発揮できるインフラができた**ことである。但し、これと刺し違えで、**目標をコミットしてその成果に対して報酬を受ける、成果主義の導入を招く**ことになった。働く者からすれば、これは背水の陣である。

企業や他人に依存したくないと思っていた人も、時間とともに考え方が変わって来る。

彼らが拠り所にしていた転職も、一昨年のリーマン・ショックで冷え込み、当てに出来るものではなくなった。他人に依存することなくやって行くのは、簡単なことでない。ウェットな関係があってこそというものもある。例えば、安心。他のことを犠牲にしても得るべきものだったかも知れない、そう気づいて来た。

しかし、**制度を変えてしまったので、簡単に元に戻れない。**

冒頭のマンガを思い出していただきたい。こうした結果、職場の同僚は業績を競い合う敵、悩みを相談し合うような仲間でない、そういうムードが高まり、メンタルな問題を起こす人が増えて来た。

ところで、少し話がそれるが、成果主義を批判するなかで、人を「独立した個」と捉えるのは、個人主義が定着していない日本には早かったのでは、という意見をよく聞く。これに対して、個人主義の進んだ米国でも、日本と同じ状況が起きているとする見方があることを補足しておきたい。

マサチューセッツ工科大学教授のセネット氏によれば、米国においても、90年代に他人に依存したくないという風潮が広まり、古い（人が依存し合う）制度を壊して来た。しかし、それで上手くいった人は全体のごく少数、数パーセントに過ぎなかった。大多数は家族ができマイホームと住宅ローンを抱えるなか、人生の先を見通せないことに不安を感じているという。(18)

その頃の日本を思い出すと、例えば投資信託などのリスク商品の販売で、売り手が説明さえすればあとは自己責任という流れがあった。これに対して、情報格差（圧倒的に情報を持っている企業と、情報を持っていない個人）の間で、説明しただけで自己責任とするのはいかがなものかという批判もあった。

考えてみれば、説明だけすれば、あとは自己責任というのは、経済、企業サイドにとってずい分ムシの良い話である。この背景には、新自由主義の考え方が広まり、独立、自立の良いイメージばかりが強調されて、誰もがこうしたことを当たり前と思うような、そういうムードがグローバルにあったのだろう。

いずれにせよ、こうしたことが「現場力」低下の原因になったと考えている。

これが悪い面としてあげられるものである。

新しい人の見方を考える

さて、「人と人の関係」である。

直近の**「独立した個」という見方**で、これを捉えることはできるか。

難しいと思われる。この見方で捉えられるのは、せいぜい**ドライな経済的な関係**ぐらいだろう。

それでは、遡るところ20年の、**「ゆらぎ」**、**「創発」の担い手という見方**ではどうか。

この見方は、人を、変化の担い手、組織に何かしら**プラス・アルファを提供する源泉**と見ている。しかし、どうして人がそのプラス・アルファを生み出すのかについては、充分に配慮していない。このため、**そもそも「人と人の関係」という視点がない。**

この点については、すでに当時から、「創発」のきっかけになる現状との差異を組織の立場からしか意味づけておらず、人（あるいはその行為）がベースにされていない、システム・ベースのものだ、といった批判があった。(19)

そこで本書では、これらに代わるものとして、新たに**「現象としての人」という見方**を提言したい。

「現象としての人」とはどういうものか。

まず、人を**「今、ここの自分」**と**「過去の記憶の自分」**に分ける。そして、今、**自分が自分と思っているものは、記憶にある過去の自分からあるものをバインドして来て、それを自分だと思っている、**そういう見方である。[20]

図6を、具体的なケースを想定して説明する。

ここは、商社の営業部である。

そこに、「落ちこぼれ」を自他ともに認める万年係長のA氏がいた。これを「現象としての人」で言うと、職場にいるとき「不出来な自分」を過去の記憶からバインドしている状態である（図6の①）。

そこに、異動で初めて部長になったB氏が来た。彼は昇進が遅れていて、人を使うのが下手だと自認していた。これは、部下と接するとき「人の気持ちを掌握するのが苦手な自分」を過去の記憶からバインドしている状態である（図6の②）。

ある日、部下が出払っていたので、残っていたA係長に前日の会議の報告書をまとめるように頼んだ。そうしたところ予想外に良い内容だったので、「君はまとめるのが得意だね」と誉めた（図6の③）。

A係長はこれまで職場で誉められた経験がなかったので、自分でも会社に役立つことがあるのかと驚いた。これは「不出来な自分」から「役立つ自分」へと過去の記憶をバインドし直した状態である（図6の④）。

そして、もっと役立ちたいと思ったA係長は目を輝かせて、B部長に「もっとまとめるものがあったら言って欲しい」と言った（図6の⑤）。

B部長はA係長の反応に驚き、自分でも部下のやる気をおこすことがあると気づいた。これは「人の気持ちを掌握するのが苦手」から「人を活かせる自分」へと過去の記憶をバインドし直した状態である（図6の⑥）。

こうして見ると、**人は確固とした実体ではなく「人と人の関係」のなかで変わる「現象」**と捉えることができることが分かる。

仕事のなかで我々はよく、「○○君はこういうタイプ」と決めつけてしまうことがある。たくさんの部下を抱えているマネジメントの場合、特にそういうことが多い。**しかし、係わり方によって人はいかようにも変わり、それが組織の活力を生み出す。**これが「現象としての人」という見方である。

図6　現象としての人という見方

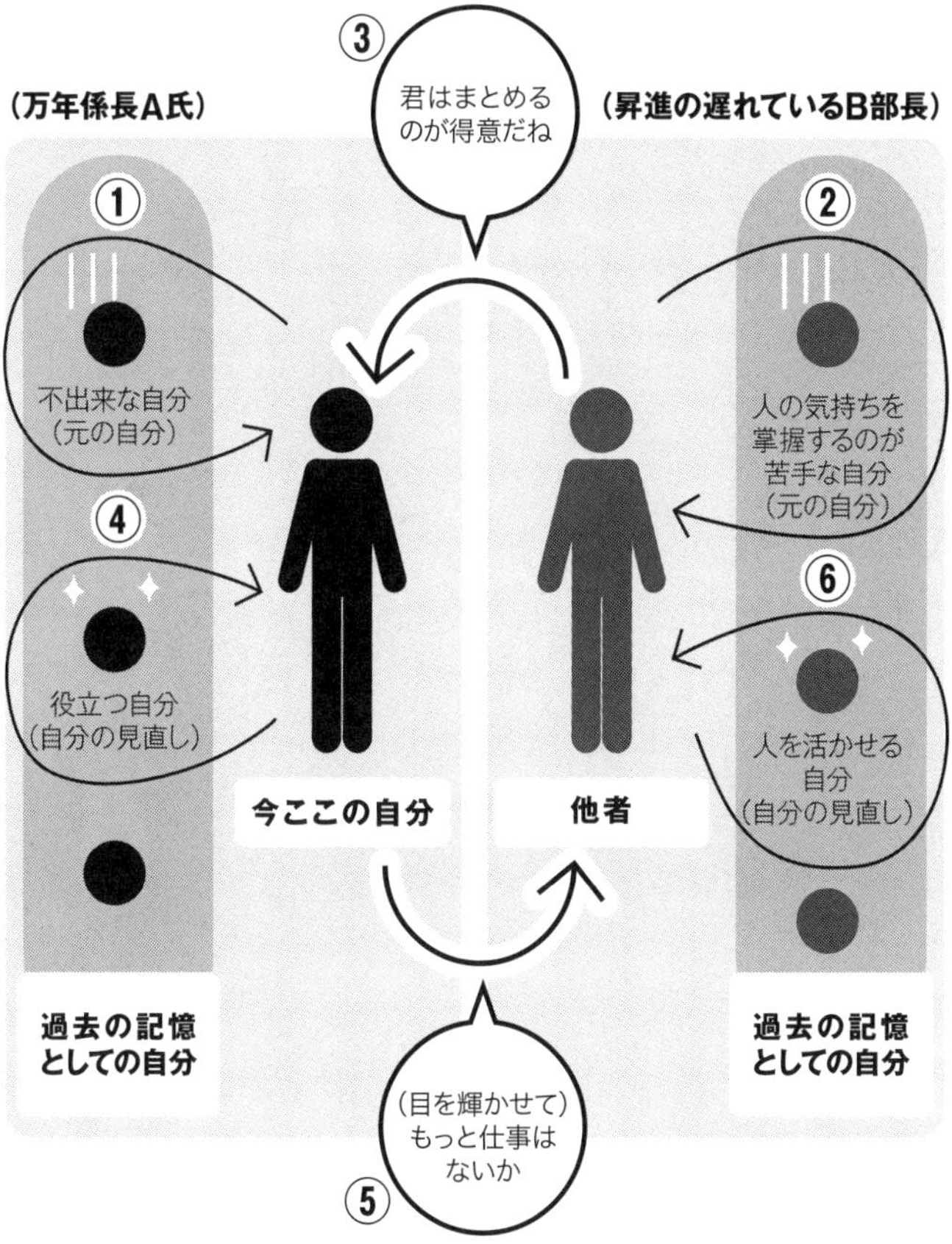

人は他者との係わりのなかで生じる現象と見ることができる。

「現場力」を丸ごと見る「人体モデル」

人は「人と人の関係」のなかで気づき、成長し、それにより満足を感じる。そして、「人と人の関係」をさらに変化させる。このダイナミズムから、個の積み上げを越えた「現場力」のパワーを得ることができる。

先に説明した、新しい人の見方をベースとして、**このダイナミズム**を丸ごと捉えるにはどうしたらよいか。

私は、**6つのファクターで捉えることができる**と考えている。

図に沿って、順に説明したい。

ファクターの1つめと、2つめは、「今、ここの自分」と「過去の記憶としての自分」である。

組織には大勢の人がいるが、分かりやすくするため、図では最低の2人にしている。これらがどういうものなのかは、前節で説明した通りである。

図7　人体モデルの全体構成

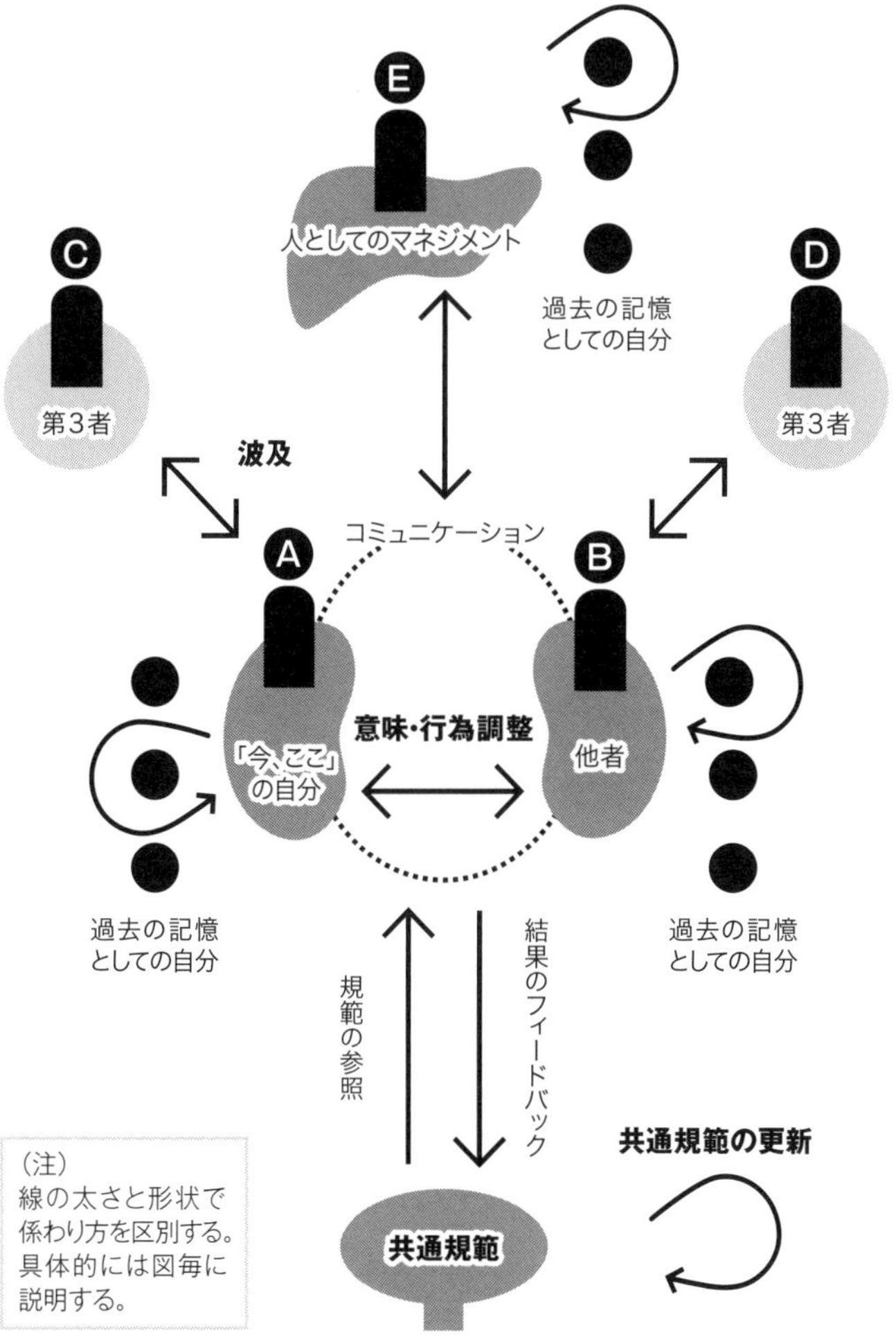

（注）
線の太さと形状で
係わり方を区別する。
具体的には図毎に
説明する。

ファクターの3つめは、「コミュニケーション」である。

人は、「過去の記憶としての自分」をバインドし直して自分を変える。そのきっかけの中心になるのが他人とのコミュニケーションである。

ここでは、コミュニケーションを言葉によるものだけでなく、行為（による影響）によるものまで含めた広い意味で使っている。また、コミュニケーションは相互に係わるため双方向の矢印にしてある。

ところで、人と人がコミュニケーションするとき、**秩序づけられた対人関係として意味や行為を調整する**ため、共通の辞書のようなものが必要になる。これが**4つめのファクターの「共通規範」**である。

ここには、組織の公式な目標、方針、ルールや非公式な文化など、また、組織に直接には関係しない業界などの常識、慣習といったものも入っている。我々は、これによって、同じ集団に属する者として意味を了解し合い、行為の正当性を確保し、パーソナルなアイデンティティを獲得する、という3つを実現できる。(21)

コミュニケーションをするとき、我々はこの「共通規範」を参照し、コミュニケーションの結果をフィードバックする。図では「コミュニケーション」と「共通規範」の間の往復の矢印として表わされる。

そして、フィードバックしたものを「共通規範」に蓄積し、**集団で共有する新たな「規範」**とする。これが、**5つめのファクター**の**「共通規範の更新」**である。

ファクターの6つめは、「第3者」である。

コミュニケーションをしているとき、やっていることが直接の当事者でない人に伝播していくことがある。

スピリチュアルな本には、よく、本気でやっていることや楽しそうにやっていることは他人に伝染すると書いてあるが、経験から言ってあれは正しい。参加フリーの「CDGM」とそれをもとにした「関係性アプローチ」では、関心のなかった人が**他人の活動振りに感化されて途中から参加**して来ることが多い。

最後にもう1つ、**番外として「人としてのマネジメント」**をあげたい。

第1章で、従来の「現場力」アプローチに漏れているものとして、「人としてのマネジメント」をあげた、それである。

これは、1つめ、2つめの「今、ここととしての自分」と「過去の記憶としての自分」で現わされるものだが、分かりやすくするため、コミュニケーションの両端にあるA、Bとは別においた。

本書では、以上の6つのファクターで「現場力」を捉え、これを**「人体モデル」**と呼ぶことにする。

どうして「人体」かと言うと、2つ理由がある。

1つは、これは、図を見ていただければ分かるが、何となく**見た目が、**腎臓、肝臓、膀胱、尿管などの臓器の配置と似ているためである。もう1つは、人体では、これらの**臓器が互いに係わり合って初めて生命として機能するが**、「人と人の関係」から「現場力」が実現するのも、それは同じだと言いたかったためである。

「現場力」の状況を「人体モデル」で見てみる

「現場力」がない／あると言っても、組織によって状況はいろいろと違う。

仕事の意欲がなくなって活力をなくしている「現場力」がないもあれば、意欲は満々だがそれが上手く組織の成果につながっていない「現場力」がないもある。こうした「現場力」の**状況の違いによって、当然、対応するアプローチも変わって来る。**

しかし、**これまで一言で「現場力」がある／ないとまとめていた**ので、**状況とアプローチのミス・マッチが起こり、**「言われた通り対応したのに、上手くいかない」といった混乱が生じていた。こうしたことが、**「現場力」を何となく分かったようで分からないものにしていた**のではないか、また、そのことで企業が「現場力」の重要性に気づきながら、本気で取り組むのを阻んでいたのではないか、そう思われる。

そこで本節では、以上に説明した「人間モデル」を使って、**組織によって状況の異なる「現場力」を可視化して、回復に取り組むメンバーが理解を共有して適正なアプローチを**

とれるようにしたい。

ここでは、**「現場力」をなくしている典型的なパターンとして、「人と人が上手く係わり合えない」、「皆の努力がバラバラ」、「アイデアをもっと成果につなげたい」**という3つを取り上げ、それぞれについてどういう状態で、回復のポイントが何で、「人体モデル」で見るとどうなるか、そして、フィットするのはどんな対応アプローチかを考える。

■人と人が上手く係わり合えない

どんな状態か

このパターンで想定しているのは、**コミュニケーションが少なく、人が変化し、成長するチャンスも少ない。このため、職場に満足し貢献意欲を持った人も少ない。当然のこととして、アウトプットは貧しく、組織で共有する知識もほとんど蓄積されない。**そういう状態である。

なお、ここで言うコミュニケーションとは、先述したように、単なる言葉だけでなく、行為によるものまで含めた広い意味のものである。

この状態をイメージするのによいのは、冒頭のマンガである。

職場の周りは業績を競い合う敵、悩みを相談する相手もおらず、最後はメンタルな問題を抱えてしまう。あるいは、そこまでいかなくても、自分の成績にならないことはたとえ組織に良いと分かっていてもやらない、そういう状態である。

この原因として想定されるのは、コミュニケーションに対する**マネジメントからの過剰な圧力と公式規範の強要**である。

目標のコミットを要求し毎日のように進捗を管理、どんなに努力しようと会社や上司は認めてくれず報酬は結果にしかつかない。さらに、これにリストラのプレッシャーが加わることもある。こういったものが典型であろう。

これを「人体モデル」で見ると、図8—1のようになる。

図を見て分かるように、コミュニケーション、人の成長、コミュニケーションから共通規範へのアウトプット、共通規範の更新の矢印は係わりが少ない、あるいは、無いに等しいため、いずれも細い線あるいは鎖線である（図8では、コミュニケーションが少なく、成長がほぼ無いケースを想定した）。これに対してマネジメントからコミュニケーションへの係わり、コミュニケーションが参照する規範の矢印は、組織の目標・実績の管理など公式なものが中心のため、太く濃い線である。

回復のポイントと解決方法

学習院大学の内野崇教授によれば、人が組織で働くということには、現実を解釈する（当然、読み誤ることがある）リスクを一人のときより下げる（意味・価値のフィルター）、仕事をするときに、個人でマーケットを介していちいち知らない人と取り引きして進めるのと比べて円滑化できる（公共空間）、役割を通して自己実現できる（学習の場）といった意義がある。[22]

このうち、後の2つ、公共空間と学習の場に注目すると、「コミュニケーションの不全」と言える**本パターンの状態にある組織では、もはや人が働く職場としての役割を果たしていない**とも言える。

これを**回復するポイント**は、何よりまず、**コミュニケーション＝人と人の関係の再生**である。

図8-1~2　人と人とが上手く係わり合えないケース

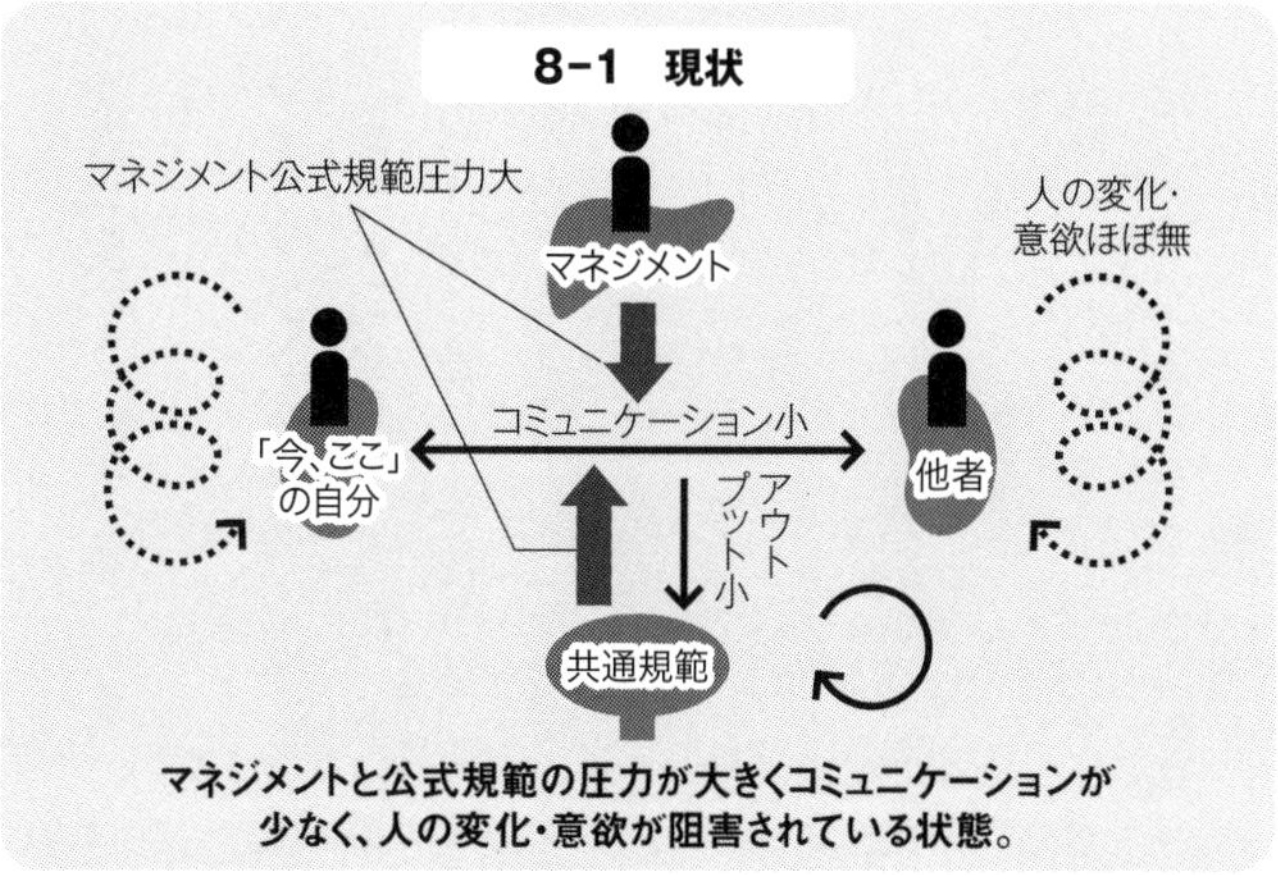

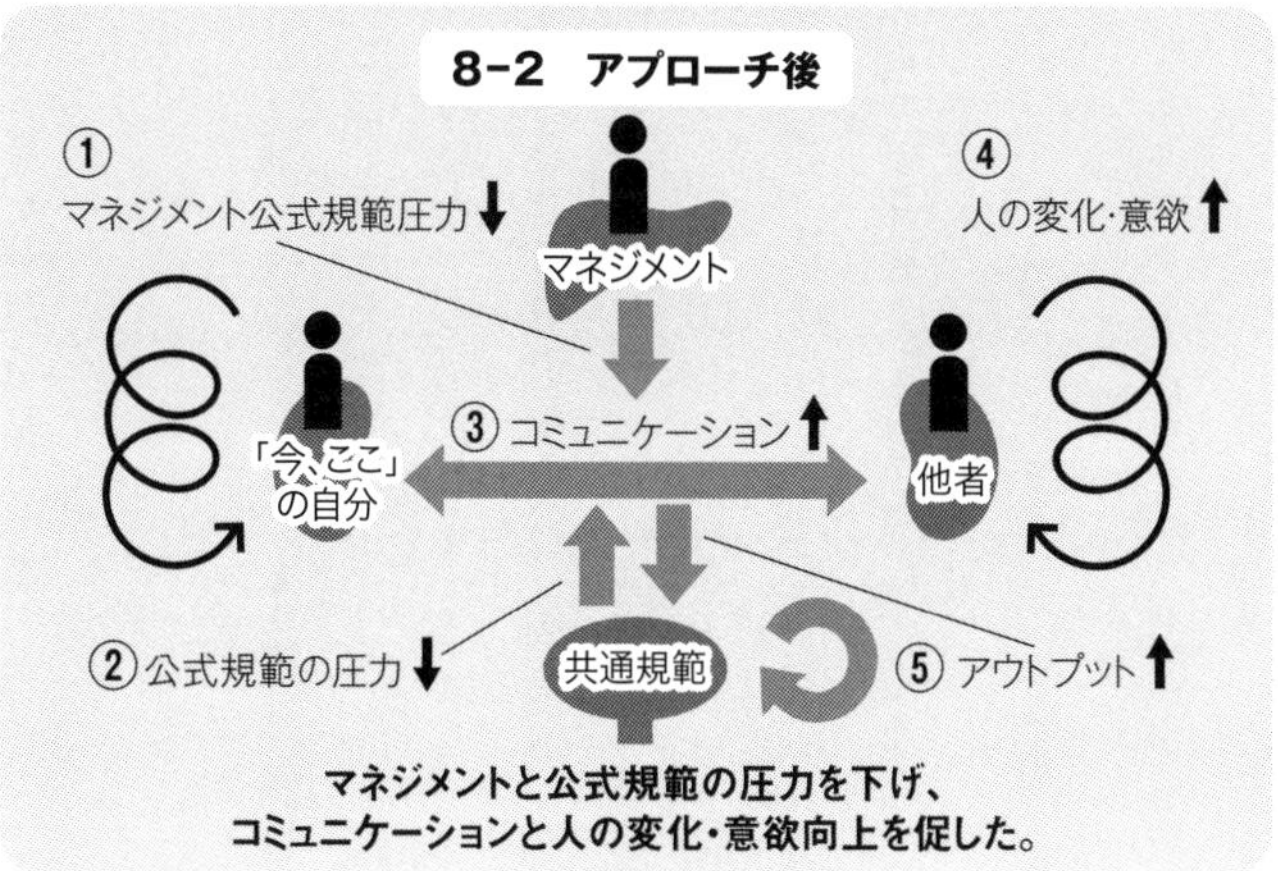

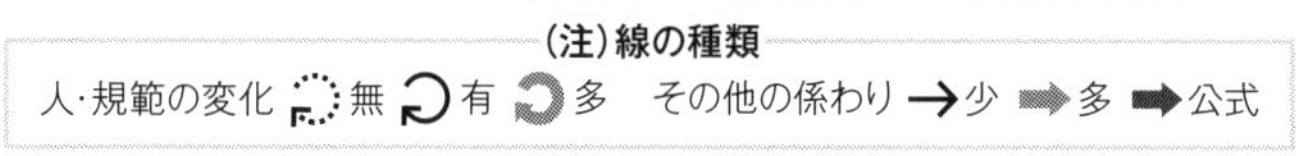

そのためには、**マネジメントからの圧力と公式規範の強要を緩和して、自由なコミュニケーションを取り戻す**ことが必要になる。

具体的には、

1つは、**マネジメント**が目標や実績を管理する役割や機能でなく、**人として係わること**である。第1章でも紹介したように、上司が人として態度を変えたときに、部下は受け入れられた、報われたと感じ、それが「この人のためなら」につながる。

もう1つは、**コミュニケーションのテーマをできるだけ身近なもの、**例えば、自分が悩んでいることだとか、身体で共有できるものにすることである。これは、第1章で紹介した、高校の合唱団や某社のダイレクト営業部の例で見たとおりである。

これにより、少しずつコミュニケーションが増えて、それとともに人は変化、成長を実感し、それに満足して貢献意欲を高め、それによって知恵や工夫を提供するなどアウトプットが増えて来る。

これを「人体モデル」で見ると、図8―2になる

回復前と比べて、マネジメントからの関与とコミュニケーションから参照する規範の矢印は、公式性が低くなるため色が薄くなり、その他の矢印は、係わりが増えて来るため鎖

線から実線に変わっている。

適切な対応アプローチは何か

このパターンに適した「現場力」アプローチを第1章で整理した、「現場力」アプローチ・マップ（P103図2を参照、以降では単にマップと略す）から選ぶとするとどれになるか。

コミュニケーション＝人と人の関係の問題なので、まず、グループ①（「個」・「内発」）に属す**自分発見型（夢・気づき）の研修**が頭に浮かぶだろう。

しかし、コミュニケーションは「マネジメント」や「共通規範」も含めたトータルで初めて成り立つものである。このアプローチは、組織としては上手くコミュニケーションできているが特定の少数の人だけどうも上手く対応できていない、そういうレベルでは有効だろう。しかし、本パターンで想定している**職場全体のコミュニケーションが不全になっている状態では難しい**と思われる。

第2章で紹介した「便所メシ」の話を思い出していただきたい。周りの人は業績を競い合う敵、相談できる相手はいないというのは、1人で学食に行くと「ハブられた奴と笑われる」と頭のなかの想像上の他者を恐れて、他人と係わり合いを持てなくなった学生と同じではないか。だとすると、このパターンに適しているのは、インプロビゼーションと同じく、**集団に対してコミュニケーションの場を与え、そのなかで想像の向こうにいる他人との関係を持つことで、そのなかでやって行けるという実感、物語を持たせるようなアプローチ**ではないか。

したがって、このパターンに適するのは、グループ④（「集団」・「内発」）でマネジメント関与と公式規範を強要しない**「CDGM（クリエイティブ・ダイナミック・グループ・メソッド）」とそのなかの「関係性アプローチ」**になる。

皆の努力がバラバラ

どんな状態か

このパターンで想定しているのは、**コミュニケーションはあり、そのなかで人は変化、**

図9-1~2　皆の努力がバラバラのケース

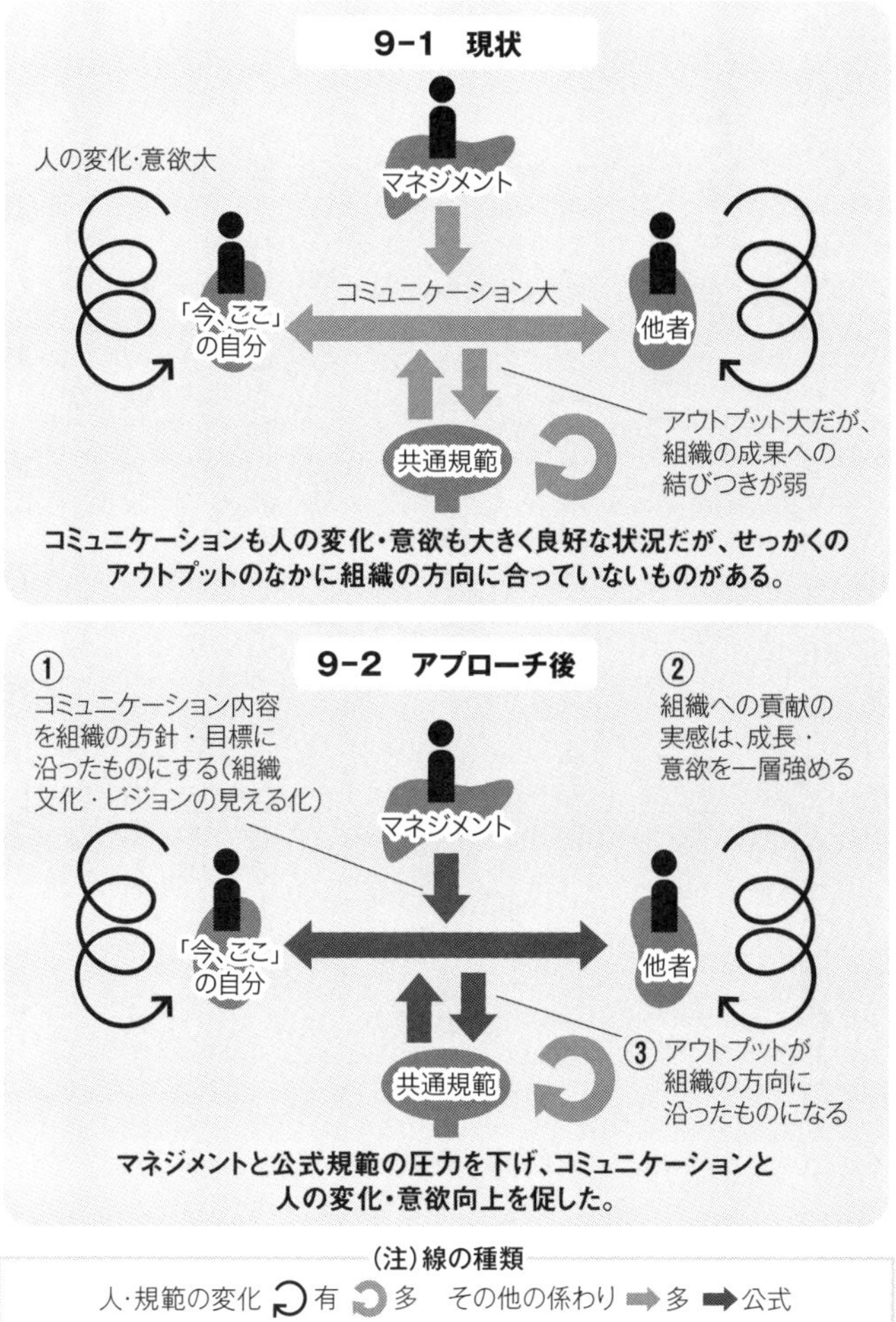
9-1　現状
人の変化·意欲大
マネジメント
コミュニケーション大
「今、ここ」の自分
他者
共通規範
アウトプット大だが、組織の成果への結びつきが弱
コミュニケーションも人の変化・意欲も大きく良好な状況だが、せっかくのアウトプットのなかに組織の方向に合っていないものがある。
9-2　アプローチ後
①
コミュニケーション内容を組織の方針・目標に沿ったものにする(組織文化・ビジョンの見える化)
②
組織への貢献の実感は、成長・意欲を一層強める
マネジメント
「今、ここ」の自分
他者
共通規範
③ アウトプットが組織の方向に沿ったものになる
マネジメントと公式規範の圧力を下げ、コミュニケーションと人の変化・意欲向上を促した。
(注)線の種類
人·規範の変化 有 多　その他の係わり 多 公式

成長を実感、それに満足しており、貢献の意欲も持っている。このため、アウトプットも多いが、意欲が組織の目標に向かって上手く結集できていない、そういう状態である。

その理由として考えられるのは、コミュニケーションをするとき、皆が目標、方針といった公式の規範を意識していないため、仕事ぶりが的のしぼれていない、何となくのものになっている、組織から見ると活動が散漫になっていることである。

これを「人体モデル」で見ると、図9―1になる。

このパターンを図にすると、コミュニケーション、人の成長、コミュニケーションで参照する規範、コミュニケーシーンの結果、マネジメントの関与は係わりが大きいので、すべて太い矢印だが、公式の組織との係わりが低いため、色が薄くなっている。

回復のポイントと解決方法

この状態の組織の「現場力」をアップするポイントは、**人と人の関係＝コミュニケーションとそこから出るアイデアや発想を、いかに組織の目指す方向にマッチさせるか**である。

そのために必要なことは、皆がコミュニケーションをするとき、組織の公式なものを参照するようにすること、マネジメントがそれを意識づけることである。

これをイメージしていただくため、私事で恐縮だが、銀行にいた頃の話を例にしたい。

私は、わりに若いときに本社企画に異動したのだが、異動した当初、上司から「どんな資料を見るときも、数字を見るとときも、会社全体としてどういう意味があるか考えろ」と、ほぼ毎日、耳にタコが出来るくらい言われ、ものを見る目が変わった。このイメージである。

これによって、コミュニケーションの内容とアウトプットが、会社の目指す方向に合ったものになり、せっかくの貢献意欲がバラバラに発散することがなくなる。

これを「人体モデル」で言うと、図9―2になる。

図で見ると、マネジメントの関与とコミュニケーションで参照する規範の矢印が、公式性の高い濃い色になり、その結果、コミュニケーションとそこからのアウトプットの矢印も濃くなる。

適切な対応アプローチは何か

これに合ったアプローチをマップ（P103図2を参照）から選ぶとすると、グループ②（「集団」・「外発」）に属する**「経営ビジョンの見える化」**や**「組織文化」**が有効だと思われる。

どちらも、個々の意識をどうやって組織の方向にアジャストさせるかというものであり、このパターンにぴったりのアプローチである。

これまでの「現場力」に関する本を見ていると、**一般に「現場力」をアップすると言う場合、このパターンのことをイメージしていることが多かった**ように思う。

■アイデアをもっと成果につなげたい

どういう状態か

皆の努力がバラバラなパターン2の問題が解決して、皆が意欲をもってアイデアを出してくれる。しかも、会社の方針・目標を意識してやっている。ここまで行けば、「現場力」としては大成功の状態である。

ここから、さらに上のレベルを目指そう、というのが3つめのパターンである。

想定しているのは、**皆が意欲を持って出してくれるアイデアを効果的に組織の成果につながるものにしよう、組織として使えるナレッジにしよう**というものである。

「人体モデル」で言うと、基本的には図9—2と同じで、気にしていただきたいのは、すべての矢印が太く濃い色になっているなか、共通規範の更新の矢印だけ薄い色になっていることである。

レベル・アップのポイントと対応方法

このことを「知ってやる」と「やって知る」で考えたい。

こうすればよいというアイデアは多くの場合、「・・・な感じ」といったイメージを含んでいる。だからこそアイデアなのだが、これは「やって知る」に当たる。

これに対して、組織で使うナレッジは、いつでも、何にでも当てはめることが出来、誰でも使えることが必要で、これは「知ってやる」に当たる。

「やって知る」を「知ってやる」にするには、**曖昧なイメージから何かを切り捨てて、ロジカルに矛盾のないものにしなければならない。**この「捨てる」というのがポイントになる。

そのためには何をすればよいか、考えられることが2つある。

1つは、**捨てるためのガイドラインを設ける**ことである。具体的には、出て来たアイデアに**組織の戦略に合った優先順位をつけるなど**が考えられる。

もう1つは**圧力をかけること**である。

80年代、創造論が盛んになるなかで、ゆらぎやルースカプリングなど組織を緩めて個人を活かすという論調が主流だったなかで、ホンダは緩めるだけでなく追い込むことも必要だと言っていた[23]。

緩めるとアイデアはたくさん出て来るが、なかなか製品として結実しない。そこで、**ここぞという要所で担当を追い込むのか有効**だと言うのである。追い込んで「やって知る」でぐずぐずしていたものを、スパッと捨てて「知ってやる」にするということだろう。

これにより、最後のパーツであった規範の更新の矢印も濃い色になる。

図10-1~2　アイデアをもっと成果につなげるケース

10-1　現状

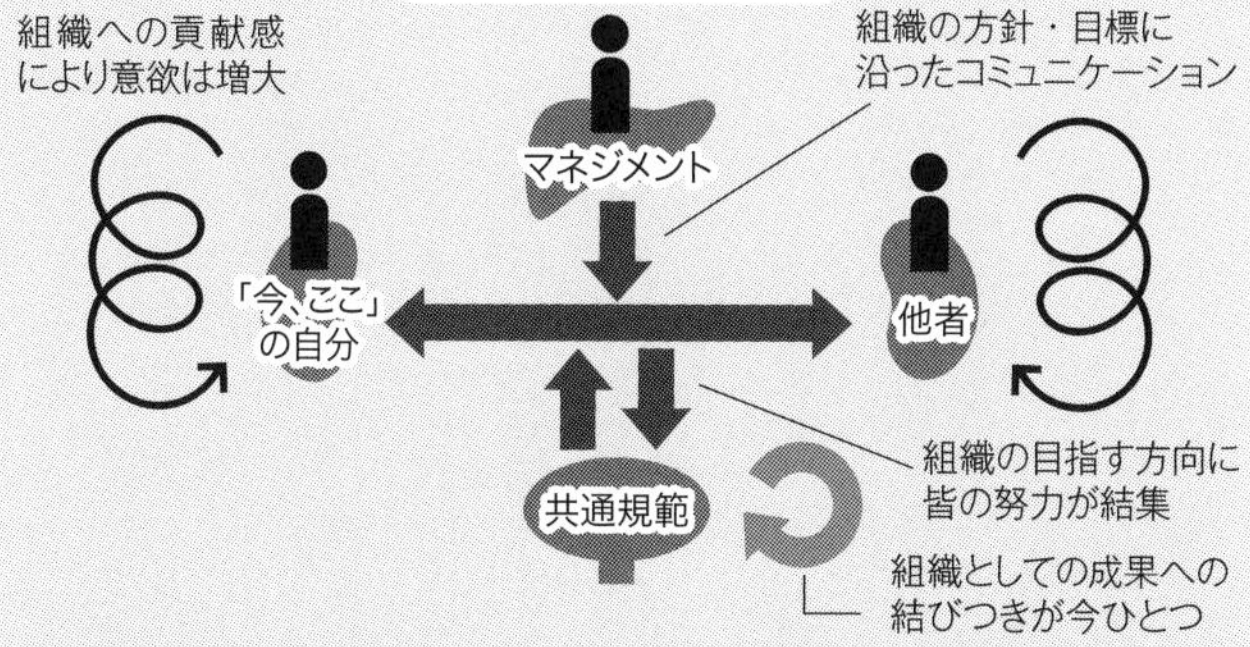

組織の意向をくんだコミュニケーションにより、皆の努力が組織の目指す方向に結集されている。欲を言えば、より成果につながるアウトプットにしたい。

10-2　アプローチ後

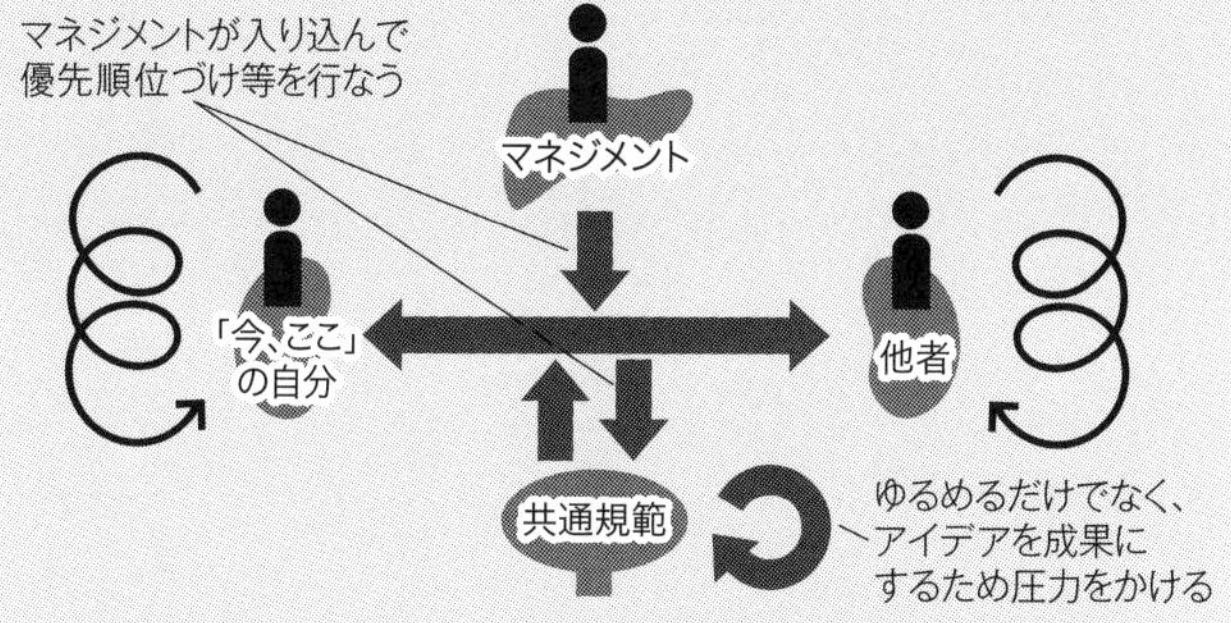

いろいろなアウトプットをマネジメントが入り込んで優先順位をつけたり、期限を切るなどで圧力をかけることで、よい成果につなげることができる。

(注)線の種類
人・規範の変化　有　多　公式性が高　その他の係わり　公式

対応アプローチ

これにあったアプローチをマップ（P103図2を参照）から選ぶとどうなるか。実は、決まったものはない。

「関係性アプローチ」のなかで、第Ⅱ部を担当した伊藤が、このレベルまで実践したときの経験から言うと、**マネジメントが入りこんで優先順位づけなどの基準を設定し、何を捨てるかを決めていくプロセスを併走する**のが望ましい。

マネジメントの理解を得ていると知ったとき、メンバーは安心感と前進感の両方をもってそれに取り組むことになる。

反対に、現場に入り込まず（今風で言うと上から目線で）、メンバーが出したアウトプットを評論家のように品評していては、やる気、貢献への思いを損ない、意欲、アイデア、ナレッジの循環を阻んでしまう恐れある。

■「人体モデル」で「現場力」を考える

以上のように、一言で「現場力」がある／ないと言っても、実際には、状況はいろいろ異なっている。「現場力」をアップするためには、状況を見極めた上で、それにフィットしたアプローチをとることが必要である。

その際、組織のなかで上手く行っていない部分、例えば、コミュニケーション不足などをそこだけ切り出して対応したのでは上手く行かない。**重要なことは、「人体モデル」の6つの要素が、腎臓、肝臓などの間を血液やリンパ液が流れているように、相互に循環していること**である。

すべての要素が循環しているとき、人は変わり、成長し、それに満足し、組織への貢献意欲を高める。そして、そのなかで、**「やって知る」の知恵や工夫を、天の「恵」のようにチャージしてくるようになる、**そう考えている。

ところで、本章で提言した「人体モデル」は、組織の「現場力」に係わる状況を大雑把に把握するためのものであり、細かく計測するものではない。したがって、どういうときに、どれくらい矢印の線を濃くする、あるいは太くするといった基準は定めていない。「現場力」に取り組むメンバーが、自分がこう思うというものを作って、互いに議論していただければよい。議論して、認識の違いがあったことに気づくだけでも、従来の人によってバラバラだったことに比べれば前進だと思う。

この数年、成果主義を代表とした**「知ってやる」の行き過ぎと**、そこにいる限り安心できるという**「罠」に陥ったマネジメントの影響で、「人体モデル」の6つの要素がすべて機能停止の状態になっている会社が少なくない**と思われる。

そこで、第Ⅱ部では、「関係性アプローチ」を使って最もベーシックな「人と人の関係」を再構築するところから「現場力」の再生に取り組んだケースを取り上げ、プロジェクトの流れそのままに紹介する。そのなかで、**フェーズ、フェーズでどこが悪かったのか、どういう理由でそれを解決できたかを「人体モデル」を使って説明した。**本書を読んだ方が自身の属する組織の「現場力」を「人体モデル」で測ろうというときに、サンプルにしていただければ幸いである。

［注釈］

（1）社会と個人の相互関係・統合については、エドワード・L・デシ＋リチャード・フラスト、桜井茂男訳『人を伸ばす力』新曜社の第Ⅱ部「人との絆がもつ役割」を参照した。

（2）吉田耕作氏は、ジョイ・オブ・ワーク推進協会を設立しCDGMを推進している。本書の第Ⅱ部を担当した伊藤は、同協会の理事をつとめている。CDGMの詳しい内容については、吉田耕作『ジョイ・オブ・ワーク』日経BPなどを参照いただきたい。

（3）身体を通じた価値観の受け入れ、共有については、浜田寿美男『「私」とは何か』講談社メチエの第5章『ことばの世界の成り立ちと「私」の世界』のなかの「共視」の考え方を下敷きにした。

（4）身体と行為を介して集団が「知」を作るプロセスを、経営の問題として整理・検証した研究として、牧野丹奈子『現場視点の経営学』晃洋書房がある。興味のある方は参照いただきたい。

（5）「科学の知」と「臨床の知」については、中村雄二郎『臨床の知とは何か』岩波新書のⅠ「科学とはなんだったか」を参照にした。

（6）BPRは、ビジネス・プロセス・リエンジニアリングの略。業務内容やその流れ（ビジネス・プロセス）を分析し最適になるよう再設計して、業務内容や組織の変更、事業分野のリストラクチャリングを行う手法である。

（7）KPIはキー・パーフォーマンス・インディケーターの略。組織の目標を達成するための重要な業績評価の指標を意味し、達成状況を定点観測することで、目標達成に向けた組織のパフォーマンスの動向を把握できるようにするものである。

（8）BPMはビジネス・パフォーマンス・マネジメントの略。業務の流れを単位ごとに分析・整理することによって、問題点を見出し、最適な作業の仕方を模索する、という管理手法のことである。本書では、KPIとともに「見える化」の手法例とした。

（9）「こだわり消費」については、経済産業省、「生活者の感性価値と価格プレミアムに関する意識調査」2006年実施、を参照した。

（10）便所メシに関する報道については、朝日新聞2009年7月6日夕刊を参照した。

（11）「ハブられる」は、仲間外れ、省かれるという意味の若者言葉である。

（12）インプロビゼーションの内容については、高尾隆『インプロ教育：即興演劇は造を育てるか』フィルムアート社を参考にし、部分的に引用した。

(13)本書では、「全体」を「知ってやる」と「やって知る」の両方から構成された世界とし、自分が「知ってやる」という部分にいることを意識していることが重要と考えている。この考え方はアーサー・ケストラーなどが言っている「部分と全体＝ホロン」と同じである。吉田耕作氏も「ＣＤＧＭ」のなかで、「全体」の重要性を繰り返し主張している。

(14)二ノ宮知子『のだめカンタービレ』＃2、講談社を参照した。

(15)本書が「知ってやる」、「やって知る」で説明したサステナビリティについて、中沢新一氏は『愛と経済のロゴス』講談社選書メチエのなかで、「交換」、「贈与」、「特別贈与」の考え方を使って同様のことを説明している。

(16)米国３Ｍのケースについては、野中郁次郎、清澤達夫『３Ｍの挑戦』日本経済新聞社を参照した。

(17)ウェットな関係から「個」重視にシフトした経緯については、太田肇『個人尊重の組織論』、中公新書を参照した。

(18)米国の事情については、リチャード・セネット、森田典正訳『不安な経済／漂流する個人』大月書店を参照した。

(19)「ゆらぎ」「創発」の見方に対する批判としては、自己創造論を批判した佐藤慶幸『生活世界と対話の理論』

文真堂のなかのⅣ「オルタナティブ社会の構想」を参考にした。

(20)「現象としての人」の構造については、P・L・バーガー、T・ルックマン、山口節郎訳『日常世界の構成』新曜社のなかの二「日常生活における社会的相互行為」をベースとした。バーガー、ルックマンをベースとした「人間モデル」の詳細については、経営情報学会、2009年春季研究大会、予稿集のなかの拙著『個人の自律性と協調をどうバランスするか』を参照いただきたい。

(21) 共通規範による3つの実現できることについては、ユルゲン・ハーバーマス、川上他訳『コミュニケーション的行為の理論』未来社のなかの第一部・第三章「第一中間考察―社会的行為、目的活動、コミュニケーション」を参照した。

(22) 人が集団で働くことの意義については、内野崇『非組織化、脱組織化、反組織化の組織論』、『組織科学』Vol.31 No.2を参照した。

(23) ホンダの新車開発のケースについては、今井賢一編著『イノベーションと組織』東洋経済新報社のなかの第4章「新製品開発の戦略と組織」を参照した。

第Ⅱ部

「関係性アプローチ」が強いチームをつくる

第4章

実践！やって知る「現場力」

『今までは、自分の思惑どおりに、現場をコントロールしようとしていた……。

しかし、思惑を手放してみると、私に意見を言ってくることなんてなかった人たちが、「自分たちはこうしたい」と自ら行動するようになった。前向きな意見やアクションが次々と出てくるのだ。

こうして「みんな発」のアイデアがこの事業部を動かしはじめた時、**「遠回りのように見えるけど、生きた現場力をつくるには、これが一番の近道である」**そう確信したのだ』（事業部長 上野）

この章では、冒頭のマンガのシナリオの元となった職場の「生きた現場力」づくりをストーリー形式にして紹介する。

各ストーリーに応じて私（伊藤）が、「関係性アプローチ」の勘所と具体的な実践方法を解説していく。

物語を丸ごと「感じて」いただき、あなたの職場の「生きた現場力」づくりに役立てていただきたい。

3年前の職場の状況

はじめに3年前の職場の状況を、インタビュー結果にもとづいて解説する。

苦悩するトップ

———どうやったら営業パフォーマンスを上げられるのだろうか

事業部長の上野氏は苦悩していた。

1年前に新設された電話営業部門を率いているが、今まで一度も目標を達成できずにいた。未達成分は、将来の計画に先送りするこ

今まで色々やってきました
最先端の営業支援システムの導入…研修の実施…
しかし、どれも成果が上がらなかった
私から見ると彼らは甘ったれている様に見えるのです
ですが、それでも何とかしなくては…
事業部長　上野

とで取り戻さなければならない。

上野氏はあらゆる努力を怠らなかった。

スキル研修を実施してみたり、外部コンサルタントを雇い、営業戦略、目標管理制度、評価・報奨制度を見直したりもした。最先端の営業支援システムまで導入し、分析に裏づけられた科学的な営業手法を駆使してみたが、成果は思うようにあがらなかった。

――問題の本質は現場の「やる気」にあるんじゃないか。

この頃から上野氏は、そう思うようになっていた。

「なんとかしなければならない」という一心で、柄にもなく飲み会に誘ってみたが、現場から出てくるのは愚痴や不満ばかりだった。飲み会のほかにも、目安箱、Q&A、社内SNSで現場を盛り上げる工夫をしてみたが、不満はでるも問題解決のための話を聞くことは出来なかった。

経営陣からのプレッシャーは日増しに強まっていた。

「なぜ、そう高くもない目標を達成できないんだ」、「私の若い頃だったら、この2倍はできた」、「今の連中は甘ったれている」……、だんだんと腹が立ってきたが、有効な策が見当たらないまま月日ばかりが過ぎていった。

愚痴・不満ばかりの現場

100名におよぶ営業マンは、この事業部のために中途採用された人ばかり。事業部の利益目標は、一人ひとりに分解されて目標数値（KPI）として課されていた。

日々の営業パフォーマンスはマネージャーに厳しくモニタリングされており、一定期間にわたり成果が上がらない人は契約を解消されることもあった。

「数字を上げられないと、人としてもだめだ」

悪く考えるな…
家が遠いから気遣ってくれたのかもしれないじゃないか…

こんな風潮が職場に蔓延していた。

隣の人との雑談はおろか、営業のノウハウを分かち合ったり、励まし合ったりすることもできない。

ただひたすら電話をかけて数字を追いかける毎日であった。


「がんじがらめの管理」


ある女性は、こう表現してくれた。

まるで競走馬が、「前しか向けないよう」遮眼帯をされているようだ。

9時の始業ベルで、スタートゲートが開く。あとは17時の終業というゴールまで、ひたすら営業電話をしまくる。

営業ではベテランの域に達していた彼女にとっても、しんどい毎日であったという。

入社当初から
比較の目に
晒され…
仲間は皆
ライバルだと
思わざるを
得なかった

実際に、現場の人にインタビューをしてみても、「数字にならないことはやりたくない」、「会社にきているのに、組織に属している実感はない」、「トイレにも行きづらい」、「組織に役立っているという実感は数字（結果）でしか味わえない」、「他チームの人とは話もしたことがない」という声が多く挙がってきた。

外の敵と競い合わなければならないのに、仲間と成果を奪い合う、そんな雰囲気になっていた。

本来、営業マンの相談相手になったり、チームワークを促したりするはずのマネージャーも、プレーヤーとして営業目標をもたされており、そこまで手が回らない。

「もう疲れた」、「ついていけない」、「自分には合わない」と退職する人も少なくなかった。

TEAMカイゼン活動に活路を見出そうと決意

「現場の人たちが自分たちで仕事を改善する『場』をつくってみたほうがいい」

これは、職場を訪ねてきた社外取締役M氏のアドバイスだった。

M氏が会長を務める大手メーカーX社では、現場の自主的な改善活動が盛んに行われていて、働くひとのやる気やチームワークを高める効果があるらしい。

――しかし、愚痴や不満だらけの私の現場を、どうやって導けばいいのだろうか？

悩んでばかりいても仕方がないので、経営コンサルタントの伊藤氏に相談をしてみた。かねてより伊藤氏が「関係性アプローチによる生きた現場力づくり」を実践していることを知っていたからだ。

彼からのアドバイスは次のようなものだった。

「プレッシャーを下げ、コミュニケーションと人の変化、意欲向上を促すことから始めたい」

「会社の都合を押し付けるようなやり方だと、決してうまくいかない」

半信半疑ではあるが、前に進まないと何も始まらない。

伊藤氏を信じて、「関係性アプローチ」を試してみようと気持ちが固まった。

相談した結果、まずは職場内でも比較的「好奇心」と「やる気」の高いメンバーを何人かピックアップして、活動の主旨を話してみることになった。

「いろいろと不満があると思う」

「月に2回、職場をカイゼンしていく場をつくる」

「私も一緒にやるから、ぜひ君たちと職場をより良くしていきたい」

その結果、11名のメンバーがＴＥＡＭカイゼン活動に参加してくれることになった。

4-1 糸口

ここからは、現場の主人公の視点で、この職場の「生きた現場力づくり」の実話をストーリーで描いていく。

ストーリー①

なんだ。仲間も同じ悩みを持っていたんだ！

「みなさんの参加動機を聞かせてもらえますか？」

ファシリテーターの伊藤さんから、参加メンバーに発せられた言葉だ。

2007年5月。

TEAMカイゼン活動に参加するメンバーがキックオフミーテングに集まっていた。

「職場の問題を自分たちで解決していきたい」

「問題解決能力を身につけ、自分を磨きたい」

「仲間とつながりたい」

……

前向きな参加動機が多いなか、

「ストレスで不眠症なんです。少しでもストレスを解消したい。そう思って参加しました」

こう自己紹介している自分がいた。

当時の私（柴崎）は、それくらい

心が病んでいたのだろう。

自己紹介が終わると、ファシリテーターの伊藤さんより、ＴＥＡＭカイゼン活動の基本的な考え方について、次のような話があった。

「職場の中に競争があってはいけない」

「競争だけの職場だとばらつきが大きくなり、組織力は上がらない」

「協力し合うことが、結果的に組織の平均力を高めることになる」

これには驚いた。個人の力を重視してきた今までの職場の考え方とは、全く違うことを言っているのだから。

でも、なんだか頷けた。

個人の競争を促すだけの職場より、みんなで協力しあって成果を上げていく職場の方が

断然楽しそうだと思ったからだ。

ここで簡単に、私の職場の「ＴＥＡＭカイゼン活動」の内容に触れておこう。

（1）やりたい人だけがやる。自由参加の活動。

（2）活動テーマは自由。上司からテーマを与えられるのではなく自分たちでテーマを決める。

（3）参加メンバーは2週間に一度、3時間ほど集まり、グループで仕事をカイゼンしていく。

（これをＴＥＡＭ活動という）

（4）月に一度、グループの活動内容を全員の前で発表して、上野部長や他のグループメンバーから助言やアドバイスをもらう。

（これをラウンドテーブルという）

（5）ＴＥＡＭ活動とラウンドテーブルを交互に繰り返し、仕事を段階的にカイゼンしていく。

（6）活動期間は6ヵ月で1サイクル。TEAM活動を全6回、ラウンドテーブルを全6回実施する。

さて、話を戻そう。

この活動でまず始めにやることは、「職場の問題の洗い出し」である。

参加メンバーの中には、入社以来、一度も話をしたことがない人もいた。

さて、どんな話し合いになるのだろうか？

期待と不安が入り混じった気分だった。


「フロアの雰囲気が良くないなあ、と思っています」

「人間関係が希薄で、誰とも話しづらい雰囲気というか……。とにかく居心地が悪いんですよね」

「ピリピリしていて、トイレに立つのも緊張するんですよ」

「同じ部署なのに、知らない人が多すぎるのはどうかと思います」

「情報交換するような雰囲気じゃないし、どうしたって仕事に影響しますよねえ」

「そのうえ数字でギリギリやられるから、ますます余裕がなくなって……」

……

「問題の洗い出し」なんていうと堅苦しいけど、ひたすら他のメンバーと愚痴や不満を吐き出す時間だったのだ。正直なことを言えば、「業務時間中にこんなことを言い合っていて良いのだろうか？」と思ったほどだ。

でも、こうして一緒になって愚痴や不満を吐き出してみると、**「みんなも意外と同じようなことで悩んでいるんだな」、「悩んでいるのは自分だけではないんだ」**と思えるから不思議だった。

そうすると、少しだけ**肩の力が抜けて、なんだか明るくなれた。**単純と思われるかもしれないが、そんなものかもしれない。

こうして気軽に語り合う「場」さえ、今まで会社にはなかったのだ。

解説

■やって知る「場」をつくる

「生きた現場力」をつくるために、まず始めにやること。

それは『**やって知る「場」をつくる**』ことです。

目安箱や座談会で現場の声を収集する、運動会などのレクリエーションを催す、評価制度を見直す……。

現場を活性化する取り組みは、企業により様々だと思います。

もちろんそれぞれに効果はあると思いますが、私は、『やって知る「場」』をつくることから始めてほしいと思います。

図11 「やって知る」時間をつくろう

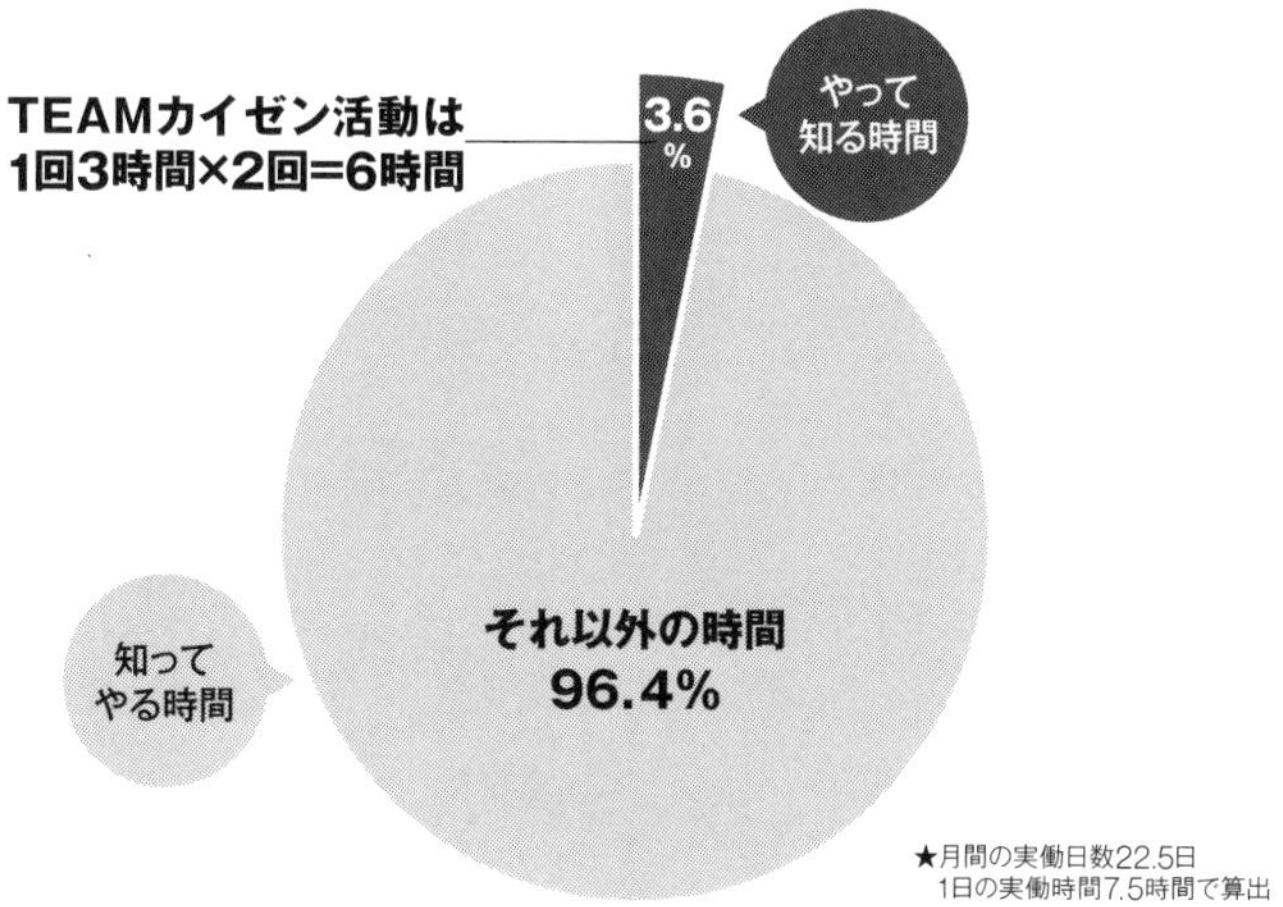

『やって知る「場」』とは何か？

マネジメントからのプレッシャーがなく、コミュニケーションと人の変化、意欲向上が促される「場」です。こうした「場」のなかで人は気づき、成長し、それにより満足を感じます。それがやる気や組織への貢献意欲を高め、様々な創発を生み出します。

上野部長はＴＥＡＭカイゼン活動を『やって知る「場」』と位置づけました。

活動の時間は月に6時間。就業時間の3・6％の時間です。

この3・6％の時間は、「仲間と一緒に仕事をより良くする時間」として、残りの96・4％の時間を、「より良くした仕事を実践する時間」としたのです。

ここで1つの大切なポイントがあります。

それは、**『やって知る「場」』を、業務時間中に確保するということです。**

「業務時間中にわざわざやっている」という意識が、活動の質を高めます。業務時間外の活動になると、「やれるときにやればいい」という意識になりがちで、何かを生み出す力や継続する力が弱まってしまいます。これでは、「生きた現場力」をつくる推進力が生まれません。

「現場の主体的な活動なら、いろいろやっている」という声もあると思いますが、これから解説するポイントを踏まえた取り組みになっているでしょうか？

それでは「生きた現場力づくり」のポイントを解説していきましょう。

やりたい人から始める（決して全体で始めない）

「腐ったミカン」という言葉を知っていますか？

腐ったミカンが箱の中にひとつでもあると、他のミカンまで腐ってしまうという意味です。

人間の世界も同じです。やる気のない人がいると、ネガティブな空気が周り人に伝染します。現場の主体的な活動を上手く立ち上げるには、**「やりたい人から始める」ことが重要**です。80年代に製造業を中心に流行ったＱＣサークルのように、参加を「強制」してはいけません。

このストーリーでは、上野部長が活動の共感者を募り、11名の人が賛同して集まってくれました。

はじめのうちは、職場の5～10％程しか共感者が集まらないかもしれませんが、それでいいのです。この人たちの**前向きな熱気が周り人の「共感」を呼び、徐々に参加者を増やしていくのが正しいアプローチ**になります。

上野部長のように、問題意識や好奇心が高い人を何人かピックアップして、「一緒にやっていこう」と誘ってみるのは良いやり方です。参加を強制してはいけませんが、活動への共感者を募るのは良い方法だと思います。

トップが参加者を指名し、強制参加させるケースもありますが、残念ながら上手くいかないことが多いです。「トップからの指名」ということで最初は意気込んでやるものですが、時間が経つにつれて「やらされ感」が出てきてしまいます。やはり「自分で決めた」以上のコミットメントはありません。

「内的動機」でドライブする

TEAMカイゼン活動は、「内的動機」でドライブ（推進）することに意味があります。「内的動機」とは、面白そう、意義を感じるからやるというもので**「コントロールしにくいが、長続きする」**特徴があります。

もし、この活動が人事考課の対象になるなら、評価を目当てに参加する人がいるでしょう。順位づけがあるなら、（自分たちがやりたいことではなく）見栄えのよいテーマを選んだり、他チームとの協調精神が損なわれたりするかもしれません。

これらの「外的動機」には、**「コントロールしやすいが、長続きしない」**という特徴があります。第1章で書いたとおり、人は「人と人の関係」のなかで気づき、成長し、満足を感じる。それがやる気や集団への貢献意欲につながり、次の気づき、成長、次の気づき、成長へとつながっていく。この継続するプロセスこそが関係性アプローチの本質です。

したがって、継続性や関係性を阻害するリスクを排除するために、**「（活動を）評価対象にしない」**、**「順位づけをしない」**というグランドルールがあるのです。

同一機能チームでスタートする

まずはチーム人数についてお話しします。

私の経験では1つのチームの人数は**「5〜6名」がちょうど良いサイズ**のようです。

マジックナンバーセブンという言葉があるとおり、とくに意識せずに目の届く範囲は「7つが限度」と言われています。8名を超える場合には、2つのチームに分けたほうがよいと思います。このストーリーでは、11名の参加者がいましたので、5名と6名のチームに分けてスタートしました。

次にチーム編成について気をつけていることをお話しします。

チームの種類は、「同一機能チーム」と「機能混成チーム」の2つに大別できます。グループで問題解決することに慣れていないうちは、**同じ機能の人同士でチームをつくるほうが上手くいきます。**共通のテーマを見つけやすく、成果も出しやすいからです。たとえば、営業の人同士でチームを組む、経理の人同士でチームを組むという具合です。

機能が異なる人同士のチームでは、協力しあって解決できるテーマを見つけることが難しかったり、テーマが大きくなりがちだったりします。解決できたときの効果は大きいですが、活動の難易度は高くなります。

したがって、グループで問題解決することに慣れている人が集まっている場合や、活動に慣れたファシリテーターがいるケースでは、機能混成チームを編成してみてもよいでしょう。

後で説明しますが、こうした自主活動は**クイックウィン（早期の成功）を積み上げていくことが極めて重要**です。こうした意味合いからも、はじめのうちは成果を上げやすい「同一機能チーム」でスタートすることをお勧めします。

ストーリー②

■悩みや不安を整理すれば、前を向ける

100人もいる職場に属しているのに、孤立しているような寂しさがいつもあった。こうなると、周りの人たちは出来ているように見えてしまい、出来ないのは自分だけだと思い込んでしまう。

でも不思議なものだ。

愚痴や不満を分かち合うことで、「悩んでいるのは自分だけではない」と孤独な気持ちが解消されていくのだから。

さて、このＴＥＡＭ活動で私が吐き出した悩みを挙げてみよう。

・営業のノルマが達成できない
・数字目標が高すぎる
・上手くやっている人のコツやノウハウを知りたい
・知らない人が部門の中に多すぎる
・トイレに立ちづらい雰囲気がある
・相談しづらい雰囲気がある

同じチームの６人がそれぞれに感じている「職場の問題」を吐き出してみると、全部で30個以上にもなった。「たくさん問題があるんだなあ」とウンザリしそうになったが、似ているものをグルーピングしていくと、次のように５つのグループにまとめることができた。

（1）情報共有が足りない
（2）時間が足りない
（3）営業システムが使いづらい
（4）数字ノルマが高すぎる
（5）モチベーションが上がらない

「5つ……。なんだ、こんなものか……」と少し気持ちが楽になってきた。

みんなが同じような悩みを抱えていること、整理してみると5つになってしまうことが、**視覚的にはっきりと分かった**からである。ほかの人の悩みや問題認識が分かって、妙に安心したし、おかしいかもしれないけど嬉しくなってきたのだ。

問題のグルーピングを終えると、チームで取り組むテーマを決める。

「自分たちの権限や能力でカイゼンできる」、「BeforeとAfterが数字で測れる」といった観点から**テーマを絞り込んでいくのが、この活動のセオリーだ。**

話し合いの結果、私たちは、「（2）時間が足りない」というテーマを選んだ。

伊藤さんのガイドに従い、早速、私たちは「時間が足りない」理由について考えてみた。「問題の洗い出し」と同じように**ここでもポストイットを使って意見を出し合ってみた。**

驚くほどたくさんの理由が挙げられて、今までの営業のやり方に非効率な点があることが浮き彫りになったのだ。

これまでは、「何が問題なのか？」、「その原因が何なのか？」、「原因を取り除くために何ができるのか？」と考える習慣はなかった。**「人のせいにして」、「会社のせいにして」、友人と居酒屋で愚痴っていただけだったのだ。**

実を言うと、この頃は2週間に一度、業務時間中に3時間も席を離れることが後ろめたかった。

同僚はみんなは営業活動をしているのに、私たちは「職場の問題は何か？」、「その問題の原因は何なのか？」という話ばかりしている。同僚にTEAMカイゼン活動の内容を聞かれても、何を伝えたらいいのか分からなかった。共有できるものがなかったのだ。

この活動を通じて仲間とのつながりができ、少しずつ楽しくなってきたものの、こうした「後ろめたさ」でなんだかスッキリしなかった。

だからこそ、明確にカイゼンテーマが決まった時は嬉しかった。

これから先に、**新しい発見と新しい感動が待っていたのだ。**

解説

愚痴や不満を吐き出さない限り、前には進めない

所詮、同じような悩みだとしても、仲間と分かち合えるだけで心強いものです。

こうすることで安心感が得られ、仲間への親近感も湧いてきます。

「愚痴や不満を吐き出さなければ、本気の検討には至れない」

これは、私が実践を通じていつも強く感じることです。

頭のなかにある「淀んだ水」を一旦吐き出し、空っぽにしないと新しいものは入りません。

愚痴・不満の吐き出しセッションには、仲間と分かり合うという目的のほかに、「頭のなかを空っぽにする」ねらいもあります。愚痴や不満を言い尽くすと、「後ろ向きなことばかり言っていても仕方がない。何かやれることはないだろうか」と人間は考えるものです。

愚痴や不満を吐き出さずに、「どうやって仕事を効率化するか」、「改善アイデアを出し合おう」とやってみても、大して盛りあがりません。

空っぽになっていない状態では、人の意見やアイデアに共感し、それを吸収する余裕がないからです。

「しょっちゅう飲み会の場で愚痴を吐き出しています」という人も多いでしょう。もちろん、こうしたコミュニケーションも大切だと思いますが、飲み屋でのガス抜きでは「自分たちの力で何ができるだろうか？」と前向きな話にまで及ぶことはほとんどありません。**ただのガス抜きで終わらせずに、プラスの行動につなげていくには、愚痴や不満を業務時間内に分かち合うのです。**

ストーリーでは、主人公が「業務時間中にこんなことをしていて、本当にいいのだろうか？」と感じています。飲み屋で、こんな気持ちになることはまずないでしょう。疑問に思うこの気持ちが前向きな検討の原動力になるのです。

それでは、実際に「やってみた人」の声を聞いてみましょう。

▼——やってみた人の声（柿原さん）

「みんなが同じように悩んでいる」ことが分かるだけで、気持ちが楽になりました。この活動で仲間と一緒に「問題の洗い出し」を体験するまでは、ほかの人は「出来ている」、「悩んでいない」ように見えていましたから。

▼――やってみた人の声（君野さん）

自分とまったく違う視点で課題を見つけている人がいて刺激になりました。気づきもしなかった問題点がたくさん見えてきました。

▼――やってみた人の声（井原さん）

孤独な悩みを抱えていました。同期は入社当初から数字面で比較され、おのずとライバルになります。自分の弱みをさらけだせる関係にまではなれません。本心で問題点を出し合う最初のセッションでは「なぁんだ、みんな同じようなことを感じていたんだ」と孤独から開放された気持ちでした。

▼――やってみた人の声（鈴木さん）

営業目標を追いかけることだけが楽しいとは思えな

い。「時間がない」という悩みの裏には顧客を理解して価値ある営業をしたいという共通の思いがあることを知りました。

書き出すことで対話の質を上げる

業務時間中にわざわざ集まるわけですから、全員の意見やアイデアを余すところなく出し切り、有意義な時間にしたいものです。

「ある人に発言が偏ってしまう」、「声の大きな人に全体が流されてしまう」、「本音ではなく建前トークになる」では、盛り上がりませんし、活動意欲も殺がれてしまいます。

では、どうすればいいのでしょうか？

ポストイットを使ってみてください。

「口に出して言いにくいこともあるし、誰かの意見に引っ張られたらもったいないよね」

「今からポストイットを配るから、みんなの『ありのままの意見』を無記名で書いていこうよ」

こう声をかけて始めてみましょう。

全員の意見をポストイットに書き出してから話し合うのです。

こうすることにより、**「声の小さい人のアイデア」や「少数意見」もしっかりと拾われることになります。**これが話し合いの質や全員の納得感を高めるコツです。

実際に私がやる際の手順を次に示しますので、試してみてください。いつもとは違った「効果的な」話し合いになるはずです。

（1）次のものを用意し、全員が一室に集まります。

・模造紙（縦80センチ×横110センチくらい。各チームに1枚ずつ）。

・ポストイット（7・5センチ×12センチ、参加者1人当たり15枚くらい）。
・ガムテープ（模造紙を壁に貼るときに使う）。
・黒のマーカー（1人1本。太すぎず、細すぎず、3メートル先から読めるくらい）。
・赤のマーカー（1チームに1本。太さは黒のマーカーと同じ）。
（2）1チームに1枚ずつ模造紙を配り、それを壁に貼ります。
（3）各メンバーに5枚ずつポストイットを配り、「あなたの職場にはどんな問題があるか」について各人がポストイットに書いていきます。
・1枚に1つのことだけ書きます。
・**書いている間はお互いに話してはいけません。**
・3メートルくらい離れても見える「大きな文字」ではっきり書きます。
・「問題」ではなく、「原因」、「解決策」、「願望」を書いてしまう人がよくいます。「職場の問題」に焦点をあてて書いていきましょう。
（4）書き終わった人からポストイットをでたらめに模造紙に貼ります。
（5）全員が書き終わったら、模造紙の前に集まります。
似たような内容のものを1箇所に集め、幾つかのグループに分類します。

その際、**1枚1枚のカードの内容について全員が理解し合うまで話し合います。（この作業まで最低40分は費やすこと）**

（6）各グループをよく表わすタイトルをポストイットに赤ペンで書き、そのグループの上にタイトルを貼ります。

（7）この結果いくつかの問題のグループができます。これで「問題の親和図」が出来上がりです。

（8）複数のチームがある場合は、チームごとに「問題の親和図」を発表します。質疑応答をしながら、全員で各チームの問題認識を分かち合います。

「模造紙にポストイット？」、「そんな古典的な方法で？」

こう思われる人がいるかもしれませんが、「手と身体を動かす」ことが大事なのです。**手と身体を動かすことにより、意味の共有がより深くなります。**

これが、第1章で言っていた**身体を介した「一体感」がパワーの源泉になる**というものです。

第1章では高校の合唱部の話がでてきますが、歌詞を解釈するプロセスを通じて、もともとは個人のものだった解釈が、メンバーの間に身体レベルで共有されていく。さらに、声を出して歌うことで、身体の感覚のズレを確認して、他のメンバーと重ね合わせていく。こうした身体を通じたフィードバック・ループを重ねて、いつしか合唱は、同じ感情・感覚を持ったものになる。

この合唱部と同じ効果を、模造紙とポストイットを使うことで引き出すことができるのです。

私は、このワークショップを「ポストイットセッション」と呼んでいます。「問題の洗い出し」、「原因の洗い出し」、「打ち手の検討」など議論を広げる局面には、とても効果のあるやり方です。簡単ですから、職場内で話し合いをする時にはポストイットを使ってみてください。

▼――やってみた人の声（東野さん）

普通の会議などではオピニオンリーダーに流されがちになります。このポストイット手法を活用すれば、普段あまり意見を出さない人が、実はとても面白い考えをたくさん持っていることに気づかされます。実際に、そうした人のアイデアがたくさん採用されました。これは自分にとって大きな発見でした。

自分たちで解決できるテーマを選ぶ

チームで、愚痴や不満を書き出してみると、30～40個くらい平気で出てきます。似たもの同士をまとめて、いくつかのグループに分けてみましょう。

ストーリーでは、グルーピングした結果、次のように5つのグループに分けられました。

（1）情報共有が足りない
（2）時間が足りない

（3）営業システムが使いづらい
（4）数字ノルマが高すぎる
（5）モチベーションが上がらない

ここまで出来たら、いよいよ活動のテーマを決めていきます。

この5つのグループから「半年間かけて改善していくテーマ」を決めるわけです。テーマを決める際に、私が参加者に提示しているガイドラインを紹介します。

（1）あまり難しい問題や大きすぎる問題を取り上げない
（2）大きすぎる場合は、それを要素別に分解して、その一部の問題に焦点をあてる
（3）3ヵ月程度で効果が見えるものを選ぶ

（4）メンバーの権限や能力の範囲内で解決できる問題を取り上げる
（5）Before と After が数字で比較できるものを選ぶ
（6）はじめのうちは、「やりたいこと」よりも「できるもの」を選ぶ

ストーリーでは、「時間が足りない」をテーマに選びました。

6つのガイドラインを満たした良いテーマ設定だと思います。「情報共有」というテーマも条件を満たしているので、これを取り上げてみてもよいでしょう。

一方で、「営業システム」や「ノルマ」は、自分たちの権限や能力で変えることは難しい。「モチベーション」はコントロールしづらく、Before と After を数字で比較することが難しいので、扱うテーマとして相応しくありません。

テーマを選ぶうえで悩ましいのは、「やれること」と「やりたいこと」が必ずしも一致しないということ。

「やりたい」けど難しいテーマに取り組んで、思うような成果が上がらないと、活動

への意欲が失せてしまいます。したがって、最初のうちは「具体的で」、「やりやすい」テーマを選んだほうがよいです。
たとえば、「お客様との関係を良くしたい」というテーマよりは、「窓口でのお客様の待ち時間を短くする」というテーマのほうが初心者向きです。「お客様との関係改善」は、やや抽象的だからです。

6つのガイドラインに沿って選んだテーマのいくつかを紹介しましょう。
・在庫を整理することで、作業効率を上げる
・社員の研修受講回数を引き上げる
・決算とりまとめ時間を短縮させる
・品質チェック業務にかかる時間を減らす
・ペーパーレス化を推進して、コストを削減する

いかがでしょうか。イメージできましたでしょうか。

（補足）

取り組みテーマを決めた後に、すぐに改善策の検討をしてはいけません。「なぜ（WHY）を5回考えないと、本質的な改善策はうてない」

こうした言葉があるように、問題が発生している原因をしっかり究明しましょう。

ここでもポストイットセッションが効果的です。みんなの思考を総動員して原因を洗い出してみてください（「書き出すことで対話の質を上げる」を参照）。

原因が分かればいよいよアクションプランの検討に入っていきます。

■テーマを与えない。人が変わるチャンスを与える

第3章に書きましたが、元気がない組織では、まず**「人と人のコミュニケーションの再生」**が必要です。

人と人の関係が貧困になり、人が変化、成長するチャンスがなく、元気を失っている状態においては、まず、人と人のコミュニケーションを増やし、人が変わるチャンスを作りましょう。

図12　コミュニケーションの促進

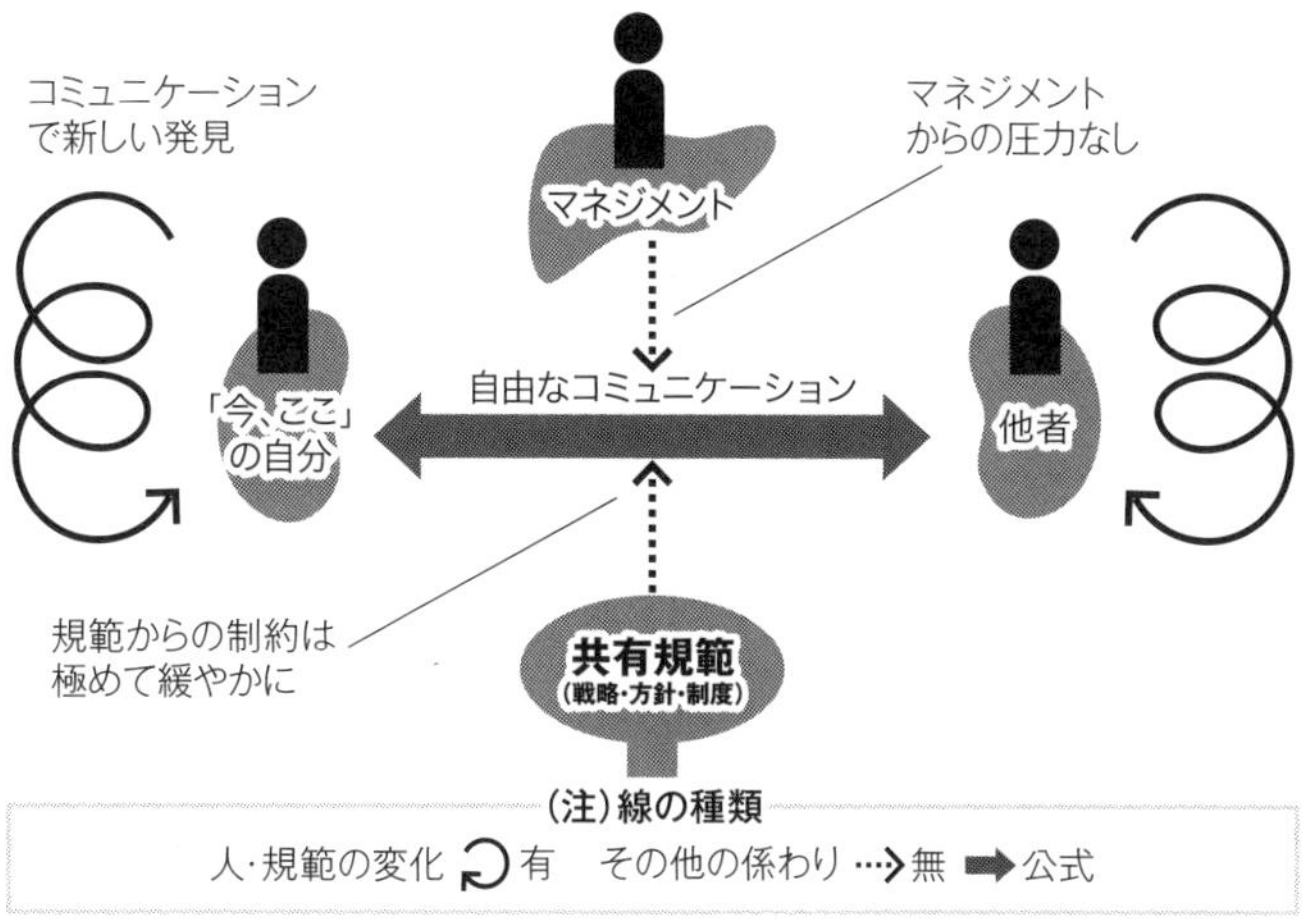

上からテーマを与えてしまっては、自由なコミュニケーションになりません。

組織の目標、方針などを参照させると、いよいよコミュニケーションが貧困になってしまいます。

「中期経営計画にもとづき、自分たちがすべきことは何か？」

「組織のミッションに照らして、自分の役割を考える」

どうでしょうか。

こうしたテーマを与えてしまって

いませんか?

自由なコミュニケーションを促して、参加者が腹の底からやりたいと思えるものを、自分たちで見つけさせましょう。

参加者が自らそれを問題と感じ、解決したいと自分たちで思わないといけません。そうしないと自主的な改善活動は長続きしないのです。

「テーマを与えると、なぜ長続きしないのか?」

活動には、「つまづき」や「失敗」がつきものです。

人から与えられたテーマの場合、こうした難局ですぐに「やらされ感」が蔓延します。このような活動の失速を、今までにたくさん見てきました。

「テーマを与えないとマネジメントにとって興味のないテーマが扱われるのでは?」

こう心配する人もいますが、それは大丈夫です。

6つのガイドラインに沿っていれば、見当違いなテーマが設定されることはありません。自主的な改善活動を質の高いものにしていくために、ラウンドテーブルでマネジメントが係わっていきます。

このあたりの話は、後で解説したいと思います。

納得感に徹底的にこだわる

納得感あるテーマに取り組んでいる時に、人は生き生きと創造性を発揮します。

納得感を醸成するために、ほかの人からコントロールや誘導をされずに、自由に意見を出し合い、お互いの考えの背景にあるものを相互に理解するプロセスが必要です。上司がテーマを与えたり、声の大きなメンバーに流されたりしてはいけません。

全員が納得したテーマを決めるために、私が気をつけてやっていることをいくつか紹介します。

（1）全員の「意見（思惑）」を、等しくテーブルにのせるために、一人ひとりの意見を模造紙やホワイトボードに書き出します。**発言を個人から切りとる**ために、無記名で書き出します。意見を言いにくい雰囲気があれば、ポストイットセッションで意見を出し合います。

（2）テーブルに挙がった「意見（思惑）」を、全員で客観的に眺めて対話をします。各自の主張を戦わせたり、否定や批判をしたりすることはご法度です。

（3）**「なぜ？」を決まり文句にします。**

各自の主張の奥底にあるものを理解したいからです。「どのような事実に着目しているのか？」、「どういった思考のプロセスだったのか？」を理解しようとすることで、相互理解が深まります。

（4）「誰かの意見に流されていないか？」、「意見を個人から切り離して対話ができているか？」に注意を払います。発言が特定のメンバーに偏っていたり、誰かの思惑に流されそうになっていたりするときには、タイミングを見計らって「このあたりで議論を見えるようにしよう」と口をはさんで客観的な思考を促します。

（5）**断定的な言い方や、決めつける発言を避けるよう促します。**

「私は……と考えます（感じます）が、みなさんいかがでしょう？」という言い回しがよいです。

（6）感情的にならないよう促します。感情や思いを語ることをはよいことですが、興奮したり、感情的になることは好ましくありません。

（7）遠慮をしているのか、良いことを言おうとためらっているからか、コメントをしないメンバーもいます。こうしたメンバーには、「○○さんは、どう考えますか」、「○○さんの経験上、どんな印象をお持ちですか」と発言を促してみます。

（8）安易に多数決で決めない。話し合いが尽くされていないと思えば、「もう少し話し合いを深めて、全員が納得できる答えを探そう」と促します。

（9）意見が分かれて紛糾する場合には、次の進行技術を使いましょう。

・「言いづらいことをよく言ってくれました。そのことに感謝します。また○○さんの反論もよく分かります。こういう意見のぶつかり合いから、良いものがでてくると思う。だから○○さんの意見にも感謝します」と**双方に対して敬意を払います。**

・状況に応じて、別のメンバーに意見を求めたり、自分の考えを私見として述べたりすることもあります。休憩をとってクールダウンする時間をとるのも効果的です。

・また、「これは△△さんや○○さんの問題だけではない。これは組織の重要な問題です。みんなが力を合わせて解決していきましょう」と言って、**当事者の問題から全体の問題へと格上げをする**と効果的です。こうすることで、高い次元の対話にもっていくことができます。

4-2 連動

ストーリー③

今までの上野部長とは何かが違うぞ

TEAMカイゼン活動には、月に1度、ラウンドテーブルという「場」がある。

第1回目のラウンドテーブルは、各チームの問題意識を上野部長やほかのチームメンバーと分かち合う「場」である。これは今になっても緊張する「場」であるが、初めてのラウンドテーブルは、とくに緊張したのを覚えている。

「上野部長に、なんて思われてしまうのだろうか？」

「なにを甘ったれたことを言っているのだ！　と言われはしないだろうか」

とても心配だった。


2つのチームから、愚痴や不満のオンパレードの「問題の親和図」が発表されると、案の定、上野部長は、顔を真っ赤にして怒りや落胆をあらわにした。

「なぜこんなことを問題だと思っているんだ？」

「部内にある仕組みを使えばいいじゃないか」

「管理側にも、いろいろと言い分はあるんだ」

伊藤さんの視線に気がついた上野部長は、突然、感情的な発言を止めた。

なぜだか分からないが、そのあと私たちのわがままとも捉えることができる発表内容を、2時間もかけて辛抱強く聞いてくれたのだ。最後に各チームから「自主改善テーマ」が発表されると、初めて上野部長の硬い表情がほぐれた。

「今後の活動を楽しみにしてるぞ」とチームごとに声をかけてくれたのだ。


私は上野部長の意外な一面を垣間見た気がした。

これまで上野部長には、「ノルマ数字に関する言及が多い」、「とにかく細かい発言が多い」という印象しかなかった。ビジョンやミッションのような話をほとんど聞いたことがなかったし、正直なところあまり尊敬できる存在ではなかったのだ。

それが、ラウンドテーブルで係わりができて、私たちが抱えている悩みを長い時間にわたり聞いてくれたことで、「この人とだったら、一緒に何かをしていけるかもしれない」と期待し始めたのだ。

解説

愚痴・不満をなくそうと思わない

「愚痴は甘えだ」、「愚痴はけしからん」と考えるマネジメントは多いものですが、私は**「職場から愚痴をなくしてはいけない」**と考えています。

愚痴には「後ろ向きな愚痴」と「前向きな愚痴」があります。

「後ろ向きな愚痴」は、「仲間と分かち合う」という実にシンプルな方法で、その多くが解消されていきます。ポストイットセッションで愚痴や不満を分かち合ってみると、単に話し合い、意見を交換することにより、その多くが解決されることに気がつきます。たとえば、上司の悪口や仕事内容の不満などは、誤解が重なって不満になっていることもよくあります。こうした不満は、吐き出して誤解が解けることで解消します。

コスト削減やリストラを推し進めた職場では、一人ひとりの仕事の負荷が増えて、仲間と雑談をする機会が減ってしまいました。こうした職場では、本来、自然に解消できるはずの「後ろ向きな愚痴」が個人の中に蓄積して、「やる気」を殺いでしまっていることが多いものです。

次に「前向きな愚痴」ですが、これは「職場への期待はあるのに、実現していないから噴き出しているもの」です。こうした愚痴には、職場が良くなるヒントがたくさん含まれています。ラウンドテーブルでは、この前向きな愚痴（＝組織が良くなるヒント）を現場とマネジメントが分かち合い、一緒になって解決方法を考えていきます。「愚痴はけしからん」、「愚痴はないほうがいい」という考え方は、こうした「前向きな」愚痴さえも封じ込めてしまうのです。

ストーリーのなかで主人公は、「仲間も自分と同じ不満を持っていたことに気がつき、気持ちが楽になった」と言っています。TEAM活動で愚痴や不満を分かち合って後ろ向きな感情が和らいだのでしょう。

あなたの職場はどうでしょうか。
愚痴や不満を仲間と言い合える雰囲気がありますか？
後ろ向きな愚痴が、仲間との係わりによって自然に解消していく空気があるでしょうか？

トップは、まず演じることから始める

第2章で書いたとおり「やって知る」とは事前の知識による判断をせずに、まず行動してみて、そこから理解・知識を得る活動です。自転車に乗るのに、何度も転んで痛い目に遭って覚えたりするのと同じです。

したがって、**ラウンドテーブルに参加するトップマネジメントは、現場の自主活動の内容を指示したり、否定したり、論評してはいけません。現場の声に耳を傾けて理解し、支援や助言を提供することがグランドルールになります。**

ラウンドテーブル（丸いテーブル）とは、「上座も下座もない」という意味ですので、マネジメントも活動メンバーの一員です。マネジメントは、その豊富な経験と知識で現場の自主活動をサポートします。

ところで、巻に溢れる「風土改革」、「現場力」に関する本には、「トップ自らが変わらなければ、現場は変わらない」と書いてありますが、果たしてこれは現実的なの

図13 マネジメントは否定しない／現場の声を理解する

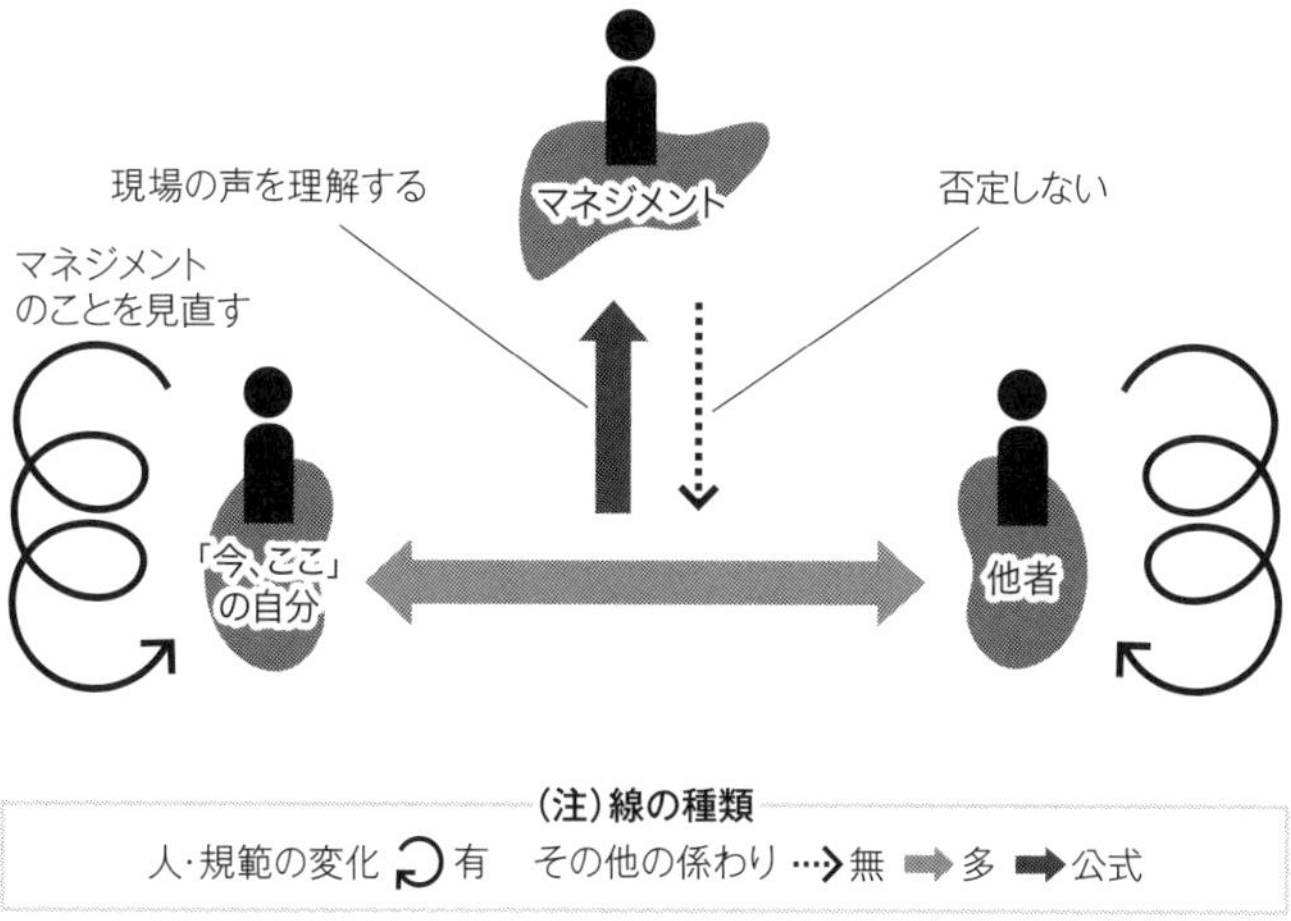

でしょうか。

「変える必要はない」、「変えたいけど、変えられない」、「どう変えるのか分からない」と思っているトップは多いものです。こうした人に「あなたが変わりなさい」と言ってみても実効性あるアドバイスになっていないと思います。

したがって、私はトップマネジメントの方々に、次のようにお伝えしています。

「はじめから変わらなくてもいいですよ」

「まずは月に2時間だけ、**役割を演**

じることから始めてみてください」

ほとんどのトップマネジメントは、「月に2時間くらいだったら、その役割を演じてみるか」と言ってくれます。

この役割を**トップが演じることで、参加メンバーの気持ちや行動が変わります。**「変わる順番」、それは次のようになります。

（1）トップが役割を演じる
↓
（2）参加メンバーの気持ちが変わる。そして行動が変わる
↓
（3）参加メンバーの変化に触れて、トップの気持ちが変わる、行動が変わる
↓
（4）トップの変化に触れて、メンバーがさらに変わる……（相互に繰り返す）

このように、「人と人の関係」に焦点を当て、どうやったら「生きた現場力」を高める関係性ができるか、それを継続的なものにするにはどうしたらよいかを、マネジメントと一緒に現場に入り込んでファシリテーションしていくアプローチが私のやり方です。第1章で書いたとおり、これを「関係性アプローチ」と呼んでいます。

ラウンドテーブルに参加するトップは否定や論評せずに、「なぜ、そう思うの？」、「もう少し詳しく聞かせて」という発言に徹してみましょう。表面的な言葉の裏側にあるものが見えてくると、「なるほど。そうだよな」と思うことが多いものです。

トップのこうした姿勢が、参加メンバーのやる気と行動に良い影響を与えます。

「生きた現場力」をつくるためには、まずは「トップが演じる」。

いかがでしょう。これだったら、できそうじゃないですか。

ストーリー④

■「がんばりたい！」の刺激は、仲間からもらえ

――さて、どうやって営業効率を上げればよいのだろうか？

手始めに今までの成功体験や嬉しかった出来事を分かち合ってみることになった。

「あの人はどうやって、成果を上げているんだろう？」

いつも、そういう疑問や関心でいっぱいだったのに、今までこういう機会がほとんどなかったのだ。

このミーティングは、これまでの疑問や関心に大いに応える時間となった。

なんだか楽しかった。

何が楽しいって、今まで自分がやってきたことを、公然と自慢できるのもあるし、他人の成功体験を身近に共有できることも新鮮でワクワクした。

ひと段落したところで、次に皆の仕事への「こだわり」、「工夫」について出し合ってみた。

ここで、私はさらに大きな衝撃を受けてしまう。

今まで教えられてきたやり方、自分では当たり前のようにやってきたやり方に、たくさん無駄があることに気づいてしまったのだ。それを認めるのは今までやってきたことを否定するようで気分のよいものではなかったが、今、このタイミングで気がつけたことは有難いことだった。

さらに、仲間の「こだわり」、「熱意」に触れているうちに、今までには感じたことがないものを覚えた。

「〝弁が立つ営業上手な人〟と単純に思いこんで

いたけど、実はものすごく地道な努力していたんだ」

「若い後輩くらいにしか見てなかったけど、自分より断然すごいじゃないか」

私のなかで、「まずい！　このままだと、俺はいけないんじゃないか」、「がんばらなきゃ」というか「がんばりたい」という感情がこみ上げてきた。

上司から「数字がこれだけ足りないからがんばれ！」といくら言われても、「よし、がんばろう！」なんて思えないものが、仲間の頑張りに触れただけで、こういった感情が湧いてくるのだから不思議なものだ。

仲間の成功体験を聞かせてもらって、自分がこんなに奮起するとは思わなかった。

なんだか「この活動がワクワクしていく」予感がしてきた。

不思議な感覚だけど、確実に前に進めるような気がしていた。

小さな成功が、また自分を走らせてくれる

自分たちの成功体験、こだわりを出し終えると、早くそれを試してみたくなった。

「上手くやっていることを、組み合わせてみると新しい発見がありますよ」

ファシリテーターの伊藤さんからアドバイスがあった。


さっそく、みんなの良いところを組み合わせて実行プランを考えてみた。

今までの自分のやり方を見直し、新しいやり方を取り入れてみたところ、すぐに数字に変化が表れてきた。取り組み後の営業パフォーマンスが、全く違うのだ。


確かな変化に喜びを感じた。

小さな変化かもしれないが、自信のようなものを持つことができた。


自信を持つとどうだろう？

「この先も、この仕事をやっていけるだろうか？」、「この仕事は俺に向いていないのか

もしれない」と後ろ向きに考えていたものが、「ほかの営業数字も伸びるかもしれない」、「まだまだ、〝伸びしろ〟があるに違いない」と前向きに考えられるようになったのだ。

これまでは、業務時間中に積極的に発言したり、情報を発信したりすることなんてなかったが、少し自信を持てたからか、所属グループのミーティングでも少しずつ情報を発信するようになっていた。

TEAMカイゼン活動の小さな成功体験を、みんなに伝えたかったのだ。

その小さな変化がきっかけとなり、大きなチャンスが訪れることになる。

「最近の柴崎君は、いろんな意味で変わってきている。営業面だけではなく、みんなに役立つ情報も発信してくれている。そんな君にまかせたい」

上司から新人トレーナーを任されたのだ。

初めて参加したTEAMカイゼン活動で、こうしてすぐに効果が表れたことはとても嬉しかった。

こうした喜びが私を一歩前に進めてくれる。

大きな成功や喜びも嬉しいけれど、こういう小さな喜びが「明日も頑張ろう！」という勇気をくれるような気がする。

「小さな喜びに感謝する」

ともすると、見落としがちな喜びをしっかりと実感していくことが大切だと思う。

▼――やってみた人の声（井原さん）

入社当初からあいさつをしても返してくれないTさん。私は嫌われているのかもしれないと思っていました。けれども同じ活動をして彼の営業の仕方を聞いてみてとても参考になった。話の展開の仕方やターゲットの絞り方など頭のいい人だと思った。相変わらず気分のムラがある人だけど　学ぶところは多い。

あいさつを返してくれないのも人見知りだと知った。

▼――やってみた人の声（吉田さん）

Mさんとは喫煙所などで顔を合わせることはあったのですが、「冷たいイメージ」があり、今までほとんど話をすることがありませんでした。偶然、MさんとTEAMカイゼン活動で一緒のチームで活動することになったのですが、積極的に動き、「これはこうしたほうがいいんじゃないか」と前向きに意見を言い、チームを盛り上げるMさんを見て「見た目と違って、中身は熱い人だったんだ」と驚かされました。

▼――やってみた人の声（沢村さん）

私の職場は部屋が分かれており、チーム間の交流が乏しいです。

TEAMカイゼン活動には、名前すら知らなかった人の人間性まで知ることができるという楽しみがいつもあります。個人プレーで仕事をしていた人が、TEAMカイゼン活動を通して、情報を共有してくれたり、こちらの発信に対して良い反応を返してくれたりするようになるといった嬉しい変化を何度も見てきました。

解説

「人と人の関係」のなかで人は変われる

第3章で書いたように、人は「人と人の関係」のなかで気づき、成長し、それにより満足を感じます。それがやる気や組織への貢献意欲を高めていきます。

それがまた、「人と人の関係」を変化させ、次の気づき、成長、次の気づき、成長へとつながっていくのです。こうしたダイナミズムこそ、「生きた現場力づくり」の源泉となります。

ストーリーのなかで主人公は、「仲間から刺激を受けた」、「気がついた」、「がんばらなきゃ」、「自信をもてた」、「前向きに考えるようになった」と、気づき、成長するダイナミズムを体現しています。

主人公だけではなく他のメンバーにも、こうしたダイナミズムが生まれていました。

図14　コミュニケーションを通じた「自分の見直し」／小さな成果を早期に実現

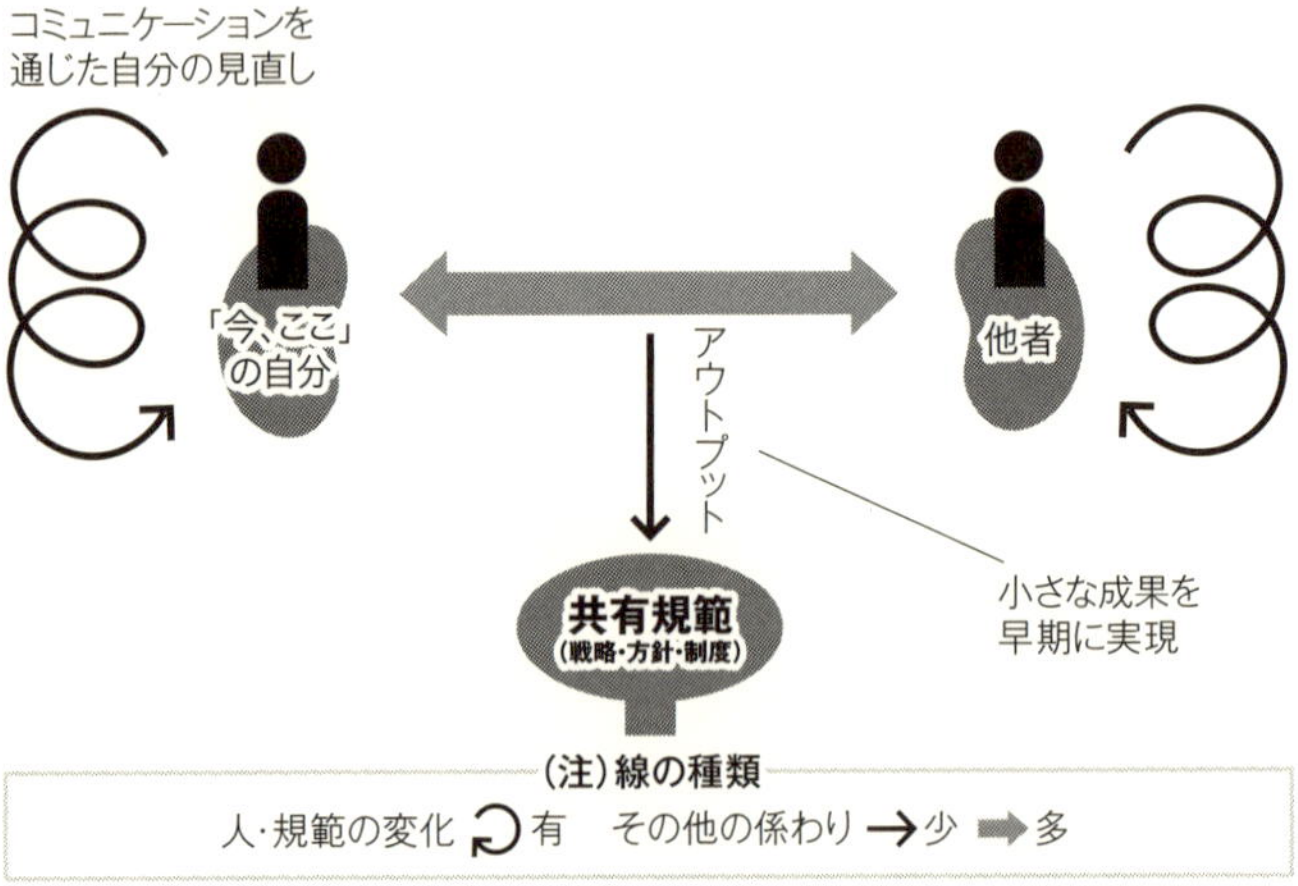

このように「人は人からの働き掛けのなかで変化」します。

第3章で書いたように、人は、「過去の記憶としての自分」と、「今、ここの自分」に分かれます。

今、自分と思っているものは、時間とともにどんどん過去に流され、記憶に蓄積されます。その記憶のなかからバインドしてきて、これが自分だと理解しています。

バインドする自分を変えるきっかけは、「他者からの働きかけ」になるのです。

このように、チームメンバー同士

が関与しあって、影響を与え合っているチームこそ「成長するチーム」といえるのではないでしょうか。

「チーム力」、「組織力」を最大化するとは、「個の力の最大化」の総和ではありません。**個と個の働きかけを最大化すること**だと思います。**ここにマネジメントの面白さや醍醐味があります。**

行動に近い議論ほど、「こだわり」「熱意」に触れられる

仲間の「仕事への取り組み姿勢」に触れて、「がんばらないといけない」と危機感を覚えたことは誰にでもあるのではないでしょうか。上司に言われて「渋々やる」のと「やりたいからやる」のとでは、爆発力がまったく違います。

「がんばりたい」の刺激は、上司からではなく、仲間からもらいましょう。

ストーリーのなかで主人公は、仲間の努力や工夫に触れて大いに触発されています。

ここでひとつ、仲間と分かち合うやり方についてアドバイスします。

「どうすればいいのか」、「何をやるか」という**「行動に近い」議論ほど、その人の仕事への「こだわり」や「熱意」が表れます。**

「仕事の問題は何か」、「その問題を引き起こしている原因は何か」という分析型の話し合いでは、評論や分析の上手さが目立ってしまいます。これでは、各人の仕事への「こだわり」「熱意」を上手に引き出すことができません。

この点に気をつけて、仲間から大いに触発されてみてください。

今あるやり方の組み合わせに、イノベーションがある

「新しい発想は、古いものの組み合わせから生まれる」

これは経済学者のシュンペーターが提唱したやり方として有名です。シュンペーターによれば、大半の発明は、今あるものの「新しい組み合わせ」である。

たとえば、おサイフ携帯は、携帯電話＋クレジット＋電子マネー、モバオクは、携帯電話＋オークション、複合プリンターは、プリンター＋FAX＋コピー＋スキャナ

ー、AVコンポは、ラジオ＋ステレオ＋テレビというように、新しい発想は今あるものの「新しい組み合わせ」であることが多いのです。

日々の仕事にもまったく同じことが言えます。

他人のやり方と自分のやり方を組み合わせてみると、意外な発想が生まれるものです。ケースのなかで主人公も、仲間の上手いやり方をいくつか組み合わせてみることで、仕事が格段に進化しました。

ぜひ、上司や仲間を巻き込んで、こうしたイノベーティブな議論を展開してみてください。

クイックウィン（早期の小さな成功）を積み重ねる

成功の味は、人を虜にします。

小さな成果であっても成功すると嬉しく、「また成功したい」と人は思うものです。

したがってこの活動を持続的なものにするためにも、クイックウィン（早期の小さな成功）を積み重ねることは大事なポイントになります。

検討ばかりで「正解」を探していたら、いつまでたっても一歩が踏み出せません。方向性が決まったら、まずは始めてみましょう。

不都合があれば修正すればいいのです。修正しながら、チームメンバーと納得できる「やり方」を探します。スピーディーに修正をかけながら、間違ったなと思ったらすぐに引っ込める。こっちかなという方向に小さく打ち出して、アタリがあればさらに掘り進む。

ここで大事になってくるのが、アタリを逃さない観察眼です。

ストーリーのなかで主人公は、よいアクションをとり始めていましたが、その効果を数字で把握していませんでした。そこで私は、日々の営業パフォーマンスを時系列に並べて折れ線グラフにしてみたのです。

日々のパフォーマンスは外的要因（ノイズ）の影響を大きく受けるので、示唆（シ

図15　営業パフォーマンスの推移（チームメンバーの平均）

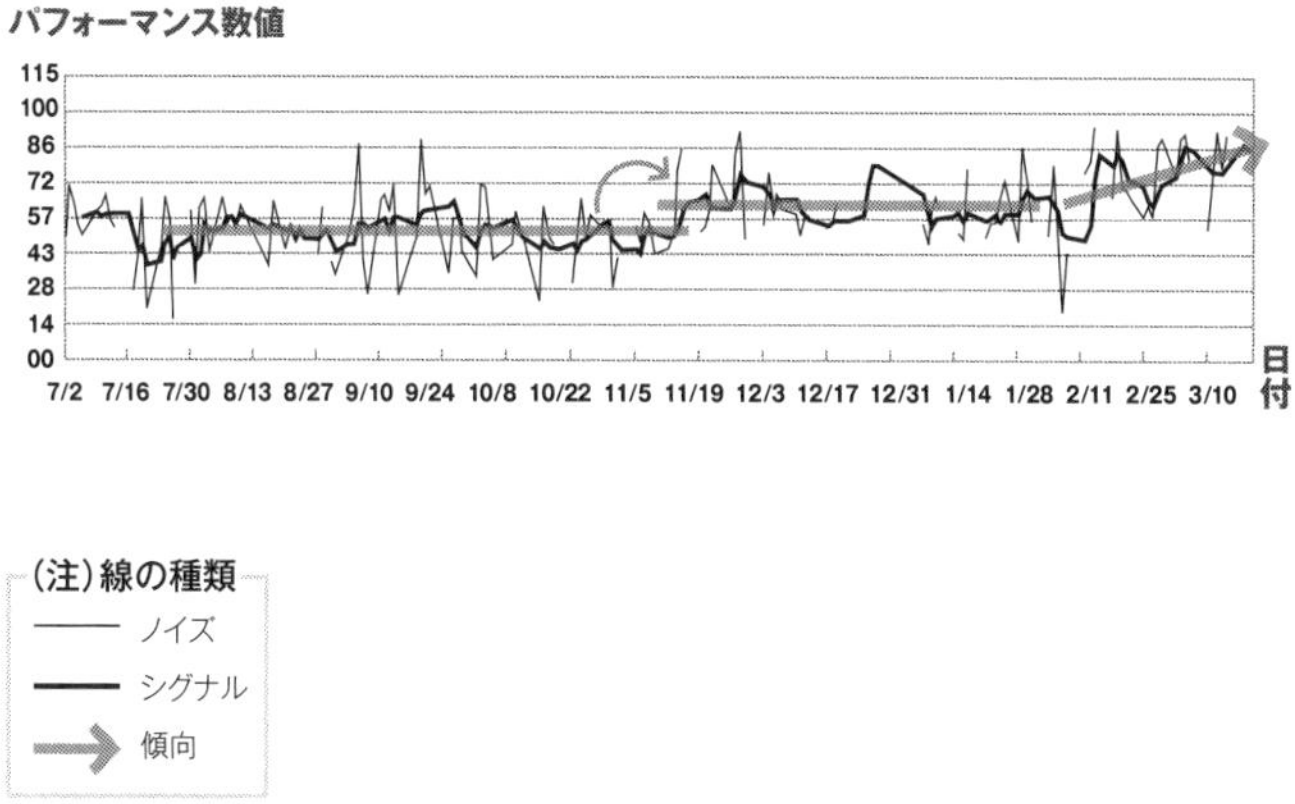

グナル）を得るために一週間の移動平均値をとり、それをグラフにしたのです。

　すると、日々の数字の上下動の裏側に「右肩上がりの傾向線」が見えてきました。

　数字で成果を確認できると、チーム全体のやる気がさらに高まります。「もっと数字を伸ばすために、何ができるだろうか」と意欲がでてくるのです。

　日々の数字のアップダウン（ノイズ）に一喜一憂するのではなく、**ノイズの中からシグナルを抜き取るこ**

とがポイントです。このケースで言えば、日々の上下動はノイズ、「傾向線」がシグナルといえるでしょう。

また、こうして小さな挑戦をテンポよくやっている人には、新たな機会が訪れるものです。主人公の場合も、次のようにチャンスをつかんでいます。

TEAMカイゼン活動に自主的に参加する
←仲間との話し合いを通じて、潔く自分の行動を変えてみる
←得られた気づきや成果を、自分の組織に還元する
←小さな挑戦が上司に認められ、トレーナーを任される（機会を創出）

観察眼を研ぎ澄まして、「クイックウィン」を積み重ねてみましょう。

きっと様々な機会が生まれてくるはずです。

▼――やってみた人の声（田辺さん）

施策の効果検証をした時に、Mさんの安定したパフォーマンスに驚きました。強い自己主張はしないけど、芯が強くてやるべきことを地道にしっかりやっている。その姿を見ていて、信頼できる人だと感じました。

褒めて「組織の嫡出子」にする

――上司が褒めてくれない。

こうした言葉をよく耳にします。

数字で評価することに慣れてしまったために、数字にならないファインプレーに興味がなくなってしまったのでしょうか。

このストーリーでは、上司がいいタイミングで主人公の「行動を」褒めています。結果だけを褒めていない点がよいと思います。

部下にとって、「上司に信頼してもらうこと」ほど嬉しいことはありません。

これは、いろいろな調査結果を見ても明らかで、報酬や地位よりも「上司からの信頼」が常に「得たいもの」の上位にきています。自信を取り戻しつつある主人公にとって、「上司に認めてもらうこと」は何よりもの自信になりました。

これを私は、**「組織の嫡出子になる」**と表現しています。

平たく言えば**「あの人（上司）の目の届く範囲に自分はいるんだ」**と思えるようになることです。これが、「職場のなかで役立つ自分」、「アイデンティティ」の実感につながります。

それでは上司は、いつ部下を「組織の嫡出子」にすればよいのでしょうか？

「主体性を発揮し始めているけど、軌道に乗り切れていない」

こういうタイミングが効果的です。

「即時にほめる」、「具体的にほめる」、「期間をあけずにほめる」という「褒める三原則」も踏まえてやってみてください。

ストーリー⑤

職場全体に熱が伝わりはじめた

TEAMカイゼン活動は、1ラウンドが6ヵ月の活動だ。

今回のラウンドはカイゼン活動の初心者ばかりだったため、問題の洗い出しや原因の追求に多くの時間を費やしてしまった。そのため、実行→効果検証→実行というサイクルを何度も回せなかったことは反省材料だった。

しかし、数字ではっきりと効果を確認できたことは自信になったし、何よりも嬉しかった。

「数字のためにやっているわけではない」、そう思って活動していたけど、成長を数字で確認できるとやはり嬉しいものだ。会社に要求されなくても、自分たちで改善できるものを見つける。それを改善して小さな成功を実感する。

ＴＥＡＭカイゼン活動の本質を、この時に少しだけ味わえたような気がする。

６ヵ月の活動も終わりに近づいてくると、事業部のあちらこちらで、「ＴＥＡＭカイゼン活動って、こんな活動しているんですね」という声が聞こえるようになった。部内の認知がだいぶ上がってきたのだ。

半年間の締めくくりは、チーム活動内容やその成果を職場全員の前で発表する「全体発

表会」である。

効果を出すことができた私たちの発表内容は、多くの人の関心を集めた。「TEAMカイゼン活動って、面白そうだね。私もやってみようかな」という声を何人もの人からもらうことができたのだ。

こうした事業部内の関心の高まりに比例して、次のTEAMカイゼン活動には、今までの4倍もの42名の人たちが参加するという嬉しい展開になった。

事業部内に、「今までとは違う空気」が流れていた。

マネジメント層は依然として成果至上主義であったが、**現場には少しずつ「仲間と協調していく文化」が浸透し始め、グループごとにあった壁がなくなり始めていたような気がする。**

私たちのTEAM活動が、そのきっかけに少しでもなったかと思うと嬉しかった。

解説

■「第一陣をいかに変えるか」が大切

「第一陣のやる気に火がつかなくては、組織全体は変わらない」

「第一陣」とは、「自主改善活動にはじめに参加してくる人」のことです。

どこの組織にも、「問題意識が高く」、「自分で仕事を変えてやろう」という気概をもった人が1、2割くらいいるものです。**この人たちに「火をつけ」、その熱を周りに伝播する「やり方」が「生きた現場力をつくる」正しいアプローチになります。**「さあやろう」とスイッチが入り、クイックウィンを生み出していれば「火がついた」状態と言えるでしょう。

ストーリーでは、主人公が「TEAMカイゼン活動の本質を味わえた」と言っています。

図16　第三者へ「熱」が波及

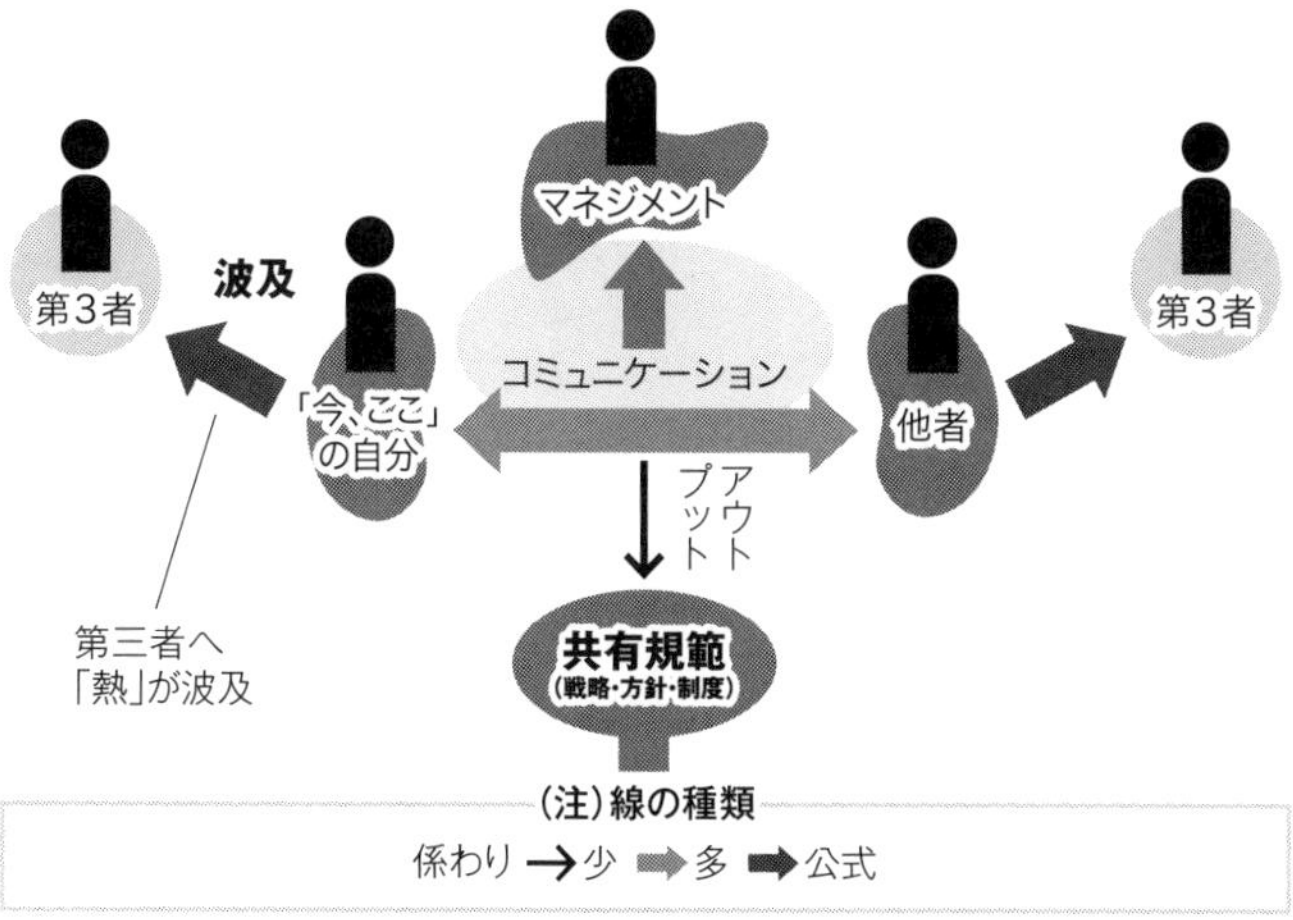

まさに「やって知る」を体現した発言だと思います。

6カ月の活動が終わる頃には、事業部内にTEAMカイゼン活動への関心と共感が拡がり、次ラウンド参加者を大幅に増やす結果になりました。「効果がありそうだからやろう」という動機づけだけではなく、「面白そう」と共感が生まれている点がとてもよいと思います。

この職場では、半年間の活動を通じて、まさに「火がついた」状態になりました。

こうした意味では、主人公が参加

した最初のラウンドは、なかなかよい結果だったといえるでしょう。

参加する人も活動をリードする人も、「第一陣を変えることの重要性」を念頭において、「火を灯して」みてください。

全体発表会では、「認知」と「共感」を促す

「現代人は認知に飢えている」と表現する人がいますが、私も同感です。人は認知なしには生きられません。認知されないと精神に異常をきたす人もいます。

先にも書きましたが「上司から数字以外で褒められたことがない」という声を、よく耳にします。組織の評価制度が緻密になっていくなか、数字で評価しづらいものが切り捨てられ、部下が認知される機会が減ってしまっているのかもしれません。

たとえば、コスト削減で「社内報」を中止した企業は多いと思います。

「○○さんが結婚した」、「○○課長は、釣りが上手い」、「○○部長は、茶道をやっている」など、仕事では垣間見ることができない人柄に触れる機会が「社内報」には

図17　活動は時間をかけて拡げていく

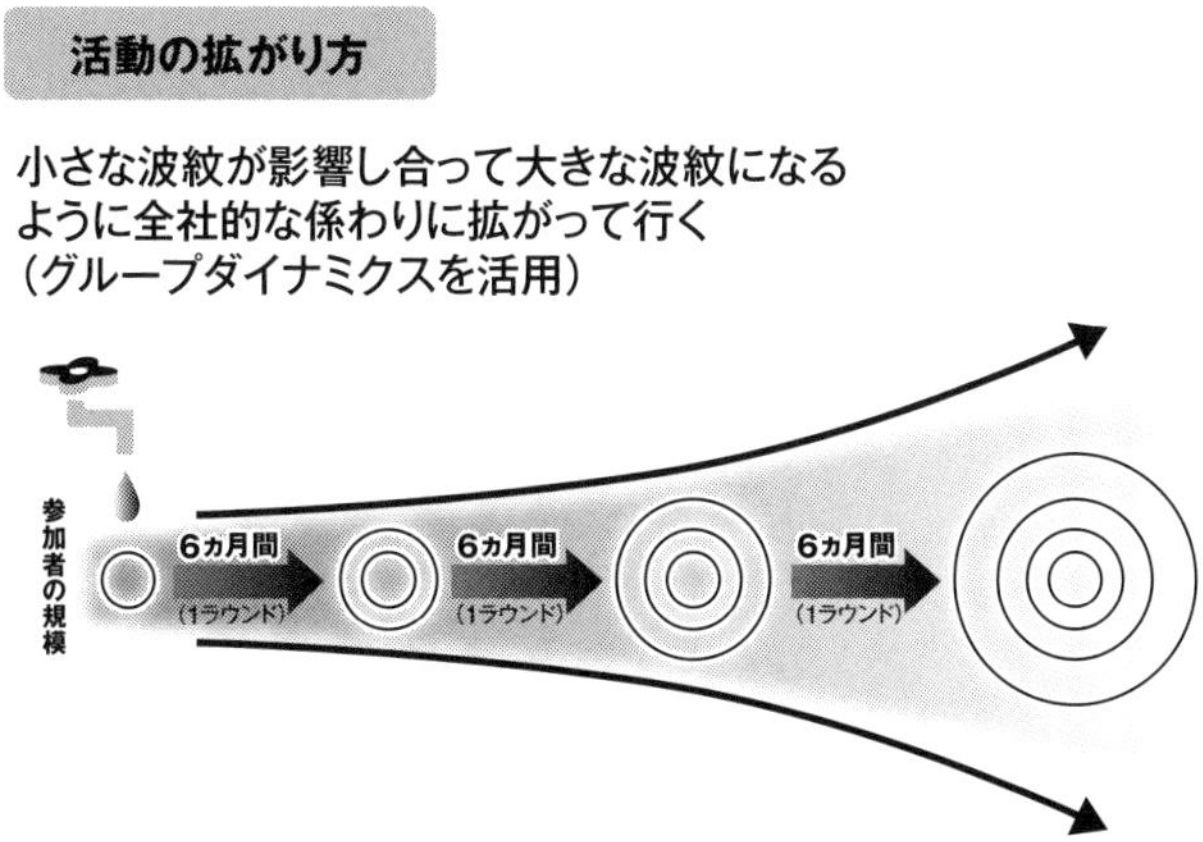

ありました。これにより、社内のコミュニケーションがスムーズになり、仕事が円滑に進む効果もあったでしょう。他にも社員旅行、運動会といったイベントにも、従業員同士の認知を高める効果がありましたが、現在これらを実施している企業は少ないと思います。

皆さんは、違う組織、グループの人たちのキャラクターをどれだけ知っているでしょうか？

TEAMカイゼン活動に話を戻しましょう。

半年間の最後に実施する「全体発

表会」は、「活動メンバーを全体に認知する」目的があります。したがって、「何をしてきたか」よりも「こんな思いを持った人たちが活動している」ということを伝えるよう工夫しています。

たとえば、「なぜこの活動テーマを選んだのか?」については丁寧に発表してもらいます。ここには、チームメンバーの思いがにじみでるからです。また、プレゼンテーションの最後には参加者それぞれから感想を発表してもらいます。感想ですから「やってみて感じたこと、思ったこと」を各々が発表してくれます。

こうした発表が、聞き手の「共感」を生みます。

理屈や説得のプレゼンテーションでは、共感は生まれません。

論理的に「この活動はよい」と訴えても、感動したり共感したりすることはありません。むしろ、「こう感じた」、「こう考えた」、「こんな悩みがあった」という内容のほうが人の心に訴えます。

もうひとつ大事なポイントがあります。

「活動そのもの」や「活動への参加者」が組織にとって大切である、という活動に対する認知を促すメッセージをトップマネジメントに発してもらうことです。

参加していない人にとって、こうした発言は気になります。

この「気にはなる」が、次第に「自分もやってみようかな」に変わり、「参加してみよう」という意思につながっていきます。

ストーリーでは、今述べたポイントをしっかり踏まえたことにより、多くの人の関心をひきつけ、11名だった参加者が42名にも増えたのです。

4-3 共鳴

ストーリー⑥

チームでやることだから衝突もある

狭い部屋に42名の熱気が充満していた。
いよいよ、TEAMカイゼン活動の新しいラウンドが始まろうとしている。
前回の参加者は11人だったから、その4倍にまで参加者が膨れ上がっていた。
部屋が異常に狭く感じたことを覚えている。

6チームに編成されていて、私のチームは、経験者3人と初参加4人の構成だった。なかには今まで話をしたことがない人までいた。まだまだコミュニケーションが足りない職場であることを痛感させられた。

今回のチームは、個性の強いメンバーの集まりだったので、前回のように順調には進まなかった。

「取り組みテーマ」を選ぶ際には、ちょっとした衝突がおきてしまった。

「営業のネタをみんなで仕込みたい」と言い始めたメンバーがいて、周りが一気に流されてしまったのだ。

私は、今回も業務効率をカイゼンするものだと思い込んでいた。TEAMカイゼン活動では「業務改善」を扱うものという固定観念を持っていたからだ。

他のチームを見回してみると、やはり業務効率の観点からテーマの検討を進めている。なんだか他のチームがうらやましくなってしまった。

「なんで、うちのチームはこんな突飛なテーマを扱っているのだろう」
「あの人がいるから、こういう展開になってしまうんだ」
「なぜ、あの人は、この活動を良く知らないのにそんなことを言うのだろうか」

仲間を疎ましく思っている自分がいた。

ＴＥＡＭカイゼン活動をやって嬉しくなっていくはずなのに、逆に沈んだ気分になってしまった。しかし、そんな私の気持ちなどお構いなしにチームメンバーは、「営業のネタ」について話し合っていた。

だいたい営業のネタというものは、自分で新聞やＷＥＢから探してくるものである。私はずっとそうやってきた。

でも、他のメンバーは、わざわざそれをＴＥＡＭカイゼン活動でやりたいようだった。すっかり、ひねくれてしまった私は、「じゃ、勝手にやってよ」と突き放した気分になっていた。

この状況を察してか、ファシリテーターの伊藤さんが私たちのチームに近寄ってきた。

「営業ネタの検討ですか。面白そうですね」

「この時間は、どうやって営業ネタを作っていくかという話ではなく、各自がやりたいと思っているテーマとその理由について納得がいくまで話し合ってみてください」

「自分の意見を通そうとするよりも、まずはみんなの意見をテーブルの上にのせて、それを客観的に議論するようにしてみてください」

「なぜそう思うのか？　本当にそれでいいのか？　という質問合戦は大歓迎ですよ」

わだかまっていることを素直にメンバーに打ち明けてみるきっかけになった。

私と同じように他のメンバーからも率直な意見を聞くことができた。

「なんでそう思うのか」について話し合ってみると、「なるほどね」と思えることがたくさん見つかった。

不思議なもので、だんだんと自分の意見に固執する気持ちは薄れていった。

そういう私自身も営業ネタの収集にはいつも苦労をしていたのだ。

「営業のネタに困っているから、それを仕込むのに時間がかかってしまっている。だから営業効率が上がらない」

これは、みんなの共通の問題なんだ。

この苦労をみんなで分かち合えれば、面白い発想がいろいろと出てくるかもしれない。

みんなの思惑を理解しようと気持ちを切り替えてみると、なんだか納得感のようなものが湧いてきた。

実は、このテーマが上野部長との思いがけない「心の交流」を生み出し、活動そのものが心底楽しいと思えるようになっていくのである。

解説

対話には嵐はつきもの。その先にダイナミックな人間関係がある

TEAMカイゼン活動のテーマは、自分たちで決めていきます。

グループで話し合い、テーマをひとつに決めるためには、いくらか時間がかかるかもしれないし、ある程度の欲求不満が生じるかもしれません。

グループが定期的に集まり続けると、次第に考え方の相違が現れ始めるものです。

相違する価値観の間に現れるこうした摩擦が、TEAMカイゼン活動の核心でもあ

ります。

それぞれの思惑が、グループのなかに存在することを客観的に気づくことが大切です。できるだけリラックスして中立的な好奇心で、偏見を持たずに相手の話に耳を傾けます。古い考えや思惑を捨てて、これまでとは異なったものに取り組もうという心の準備をするのです。

そうすると、次第に自己防衛的な態度は薄れていき、温かさや仲間意識といったものがグループに浸透していきます。

「これを話してやろう」と結論をもって臨むのではなく、自分の意見も含めてグループの様々な意見を一度外に出してみて客観的に眺めてみる。それができてはじめて建設的な話し合いになります。**自分の意見に固執しているうちは、いい話し合いにはなりません。**少しの動揺や忍耐は必要ですが、こうした対話の先には必ず新しい展開が待っています。

自分の意見に固執していた状態から、グループ内の友好的な感情を維持するほうが重要であると気がつきます。対話をするなかで絶えず形が変わっていき、メンバー全員の発展につながるような新たな考え方が生まれ始めます。メンバーはもはや最初のような対立関係になく、常に発展するグループになっていくのです。

ストーリー⑦

トップの「思い」に触れ、チームがひとつになった

上野部長を交えてラウンドテーブルが行われていた。

「なぜ、営業ネタを上手く仕込めないのか」

これは私たちのチームが発表したテーマであった。

「営業が苦手」、「営業の面白さが分からない」、「電話営業がつまらない」という単なる愚痴もたくさん含まれていた。

上野部長から一喝されても仕方がない内容だったと思うが、意外な展開が待っていたの

だ。

「まだ、そんなことがあるのか。しかし、これが現状なんだな。ノートしておくよ」

「そんなマネージャーがいるのか。今度のマネジメント会議で注意しないとな」

……

私たちの不満や不安をしっかりと受けとめてくれたのだ。

さらに驚いてしまったのが、上野部長が考える「営業の醍醐味」を熱く語ってくれたことだ。そんなに短い時間ではなかったと思う。20分くらいは語ってくれただろうか。「営業とはダイナミックで創造的な活動である」、「ビジネスマンとしての自己実現に大きな影響をもたらす経験だった」ということを、上野部長の体験談を交えながら嬉しそうに話してくれたのだ。

上司の体験話なんていうと、成功体験の押し付けに聞こえたり、「俺もこうやったんだから、おまえたちもこうしろ！」という指示に聞こえたりと、とかく胡散臭く感じるものだが、この時は、まったくそんな感じがしなかった。素直に聞き入ってしまったのだ。指示ではなく「思い」を語ってくれた、そのことがとても嬉しかった。初めてのラウンドテーブルで、私たちの発表内容に顔を真っ赤にしていた上野部長とは大きく違っていた。

この上野部長とのやり取りが、私たちのモチベーションを大いに高め、チームが一枚岩になれた。「よい営業ネタを考えて、ワクワクする営業がしたい」という気運が一気に高まったからだ。

上野部長の共感を生むスピーチが、一気に活動のレベルを引き上げてくれた。チームの中に、暗黙の了解のような、話さなくても分かるような空気が宿った。

▼――やってみた人の声（田口さん）

この活動に参加する以前は、職場で愚痴や不満を言う機会はなく、吐き出す場は、酔っぱらった勢いの憂さ晴らしくらいでした。

そういった飲みの席の愚痴や不満は次の日には忘れてしまっているし、改善策に繋がることもほとんどありません。この活動の「問題の洗い出し」では、チーム内で愚痴を分かち合うことができるうえ、上野部長に普段言えない不平不満を伝えことができる貴重な場になっています。

▼――やってみた人の声（長谷川さん）

ラウンドテーブルでは、問題を分かち合うだけではなく、アドバイスもたくさんもらえました。

たとえば、「プロファイルデータの移行が業務の負担になっている」といった悩みを挙げた際には、「データ移行の際にはショートカットキーを使っているよ」と上手いやり方をアドバイスしてもらえました。私にとっては、貴重な気づきが得られる意見交換の場になっています。

こうしたやり取りを繰り返すことで、頭の中に「こうやったら業務効率が上がるんじゃないか」というアイデアが次々と浮かび、それを試して実践する習慣が身につきました。

▼――やってみた人の声（浦塚さん）

みんなが抱いている問題意識をトップに伝えると、思いのほかトップが現場を理解していないことが分かります。最初のうちは「なぜこんな問題があがるのか？」と懐疑的な反応をしていたトップが、何度か活動を重ねていくうちに「やっぱりこの問題はいつもあがるんだね」とか「この問題は以前よりも解決されてきたみたいだね」といった反応に変わっていきました。私たちと同じ目線で問題を分かち合ってくれることが嬉しかったです。

解説

■マネジメントは「思い」を語り、共感を生み出そう

この頃から上野部長は、自分の「思い」をラウンドテーブルで語るようになっていました。それは、参加メンバーの意識のレベルが1段も2段も上がったと感じていたからだと思います。

図18　マネジメントが現場から影響を受け、思いを語る

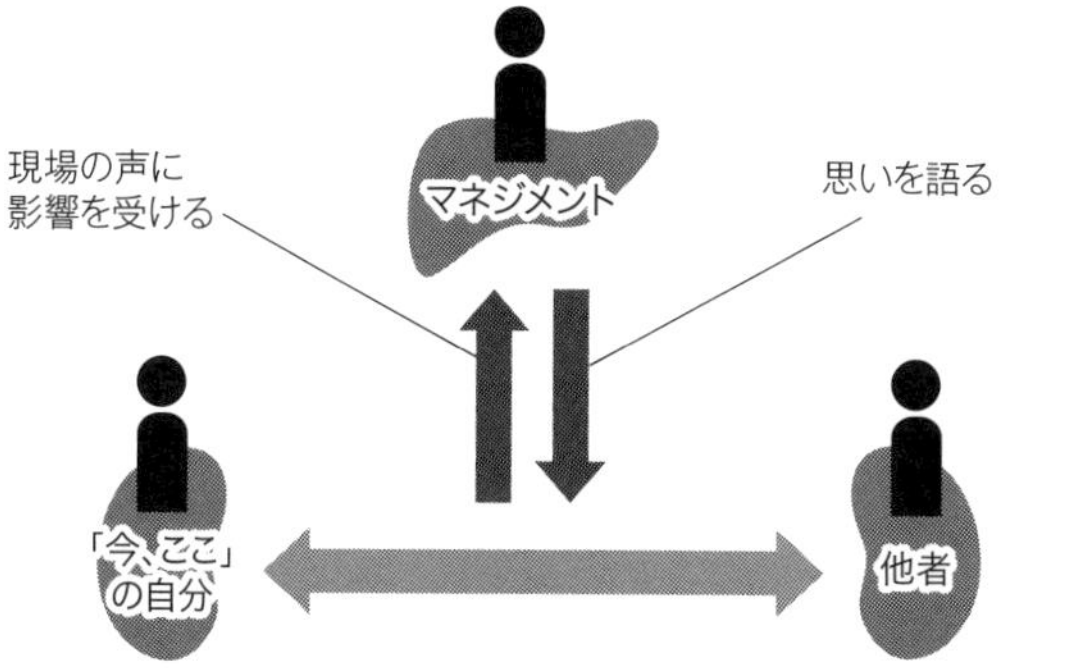

（注）線の種類
係わり ➡ 多 ➡ 公式

「営業の醍醐味」を熱く語るエピソードが書かれていますが、これ以外にも「この事業部には、大きな将来の絵があるんだ」、「仕事では存分に自己実現してほしい」という話をよくしていました。そのたびに参加メンバーは、自分の仕事や職場に「誇り」を感じていたように思います。

部門のトップであれば、「なんのためにこの仕事をやっているのか」、「会社にとってどういう意味があるのか」ということを部下に理解させなければなりません。

自分のやっていることが会社の大

きな仕組みのなかでどういう意味を持っているか。

これが明確に分かるだけで動き方が変わってきます。

従業員が自発的に動かないのは、「意味が見えていない」からということが多くないでしょうか。

自分の仕事に意味や価値を見出せれば、言われなくても動くようになる。

私はそういうものだと思っています。

これまでこの職場には、たくさんの具体的な指示や施策が溢れていました。「○○キャンペーン」、「○○商材の強化月間」という施策やスローガンのオンパレード。これらWHATが悪いとは言いませんが、「やること」だけでは現場の気持ちをドライブできません。トップの「思い」や「ビジョン」といったWHYこそが、現場の気持ちをドライブするのです。

「一度言えば分かるだろう」ではだめです。何度でも念仏のように繰り返し語らないといけません。

これは**トップにしかできない仕事**です。

ラウンドテーブルという「場」は、トップが「思い（WHY）」を語り、現場との相互理解をつくる「場」でもあるのです。

ストーリー⑧

仲間の強みを引き出しあう

電話営業では、お客様の会社を直接訪問しないから、深い所まで知ることができない。そうなると、お客様のことをリアルに感じることが難しい。リアルに感じられないから何を聞いたらいいか分からない、という構造的な悩みを抱えていた。

「だったら、お客様と同じ業種からきた中途入社者に、リアルな話を聞こうじゃないか」

ＴＥＡＭ活動からアイデアが生まれた。

私たちの職場は、いろいろな業種を経験した中途入社の集合体だった。そのメリットを活かさない手はない。

私のチームだけでも、印刷業界、広告業界、保険業界、金融業界、食品業界の経験者がいた。

これだけでもすごいことだった。

早速、毎週火曜日のお昼休みの時間に、「ランチミーティング」をスタートした。


講師は輪番制。それぞれから新聞などでは知ることのできない「業界ならではの事情」を詳しく聞くことができた。早速、自分のお客様に話題を振ってみたところ、その話題をきっかけにお客様との距離感はグッと近くなった。私たちの営業ネタに共感を示してくれるようになったのだ。

上野部長が言っていた「営業の楽しさ」を実感で

きた瞬間だった。

これは私だけではなく、チームメンバーが皆感じたことだった。

この楽しさの拡がりに比例するように、営業パフォーマンスも見る見るうちに伸びていった。

またランチミーティングには、次のような副産物もあった。

月2回のTEAMカイゼン活動だけでは、なかなか知り得ないメンバーのプライベートのことや、過去の人生経験を、ランチミーティングを通じて知ることができたのだ。ある人は、とても苦労した過去の家庭の話までしてくれた。そんな苦労を微塵も見せずに、毎日、明るく周りに気をかけてくれる彼にどれだけ励まされただろうか。

訳があって、数ヵ月後に彼は会社を辞めることになってしまうが、「この活動を通じて、みんなとつながり、楽しく仕事ができてよかった」と言ってくれた言葉は今でも忘れることはない。

TEAM活動から生まれた「ランチミーティング」。

前職の経験が思わぬかたちで人の役に立ち、喜んでもらえるのは本当に嬉しい。こうした実感をラウンドテーブルで上野部長に発表するのも大きな楽しみだった。もちろん、我々の発表を聞いて、上野部長が喜んでくれたことは言うまでもない。今までは「緊張の場」だったラウンドテーブルが「楽しみの場」に変わっていた。

「この活動のレベルが上がってきたのかもしれない」

そう感じずにはいられなかった。

ストーリー⑨

職場に必要な知恵を、自分たちで蓄積しよう

日々の営業にすぐに活かせるランチミーテングは、毎回充実したものであった。ラウンドテーブルで、この充実感を発表してみると、「実際にどんな情報交換をしているのか見てみたいな」と上野部長は関心を示してくれた。

しかし、見せるものがなかった。

ランチミーティングは気楽に楽しくやることをモットーにしていたので、人によっては資料すら作ってこないこともあったからだ。

ファシリテーターの伊藤さんがチームに次のように促した。

「活動内容そのものを見えるようにしてみましょう」

「勉強会資料を作ってみてもいいし、勉強会で得た気づきをまとめたものでもよいです」

「もちろん議事録でもかまいません」

議事録をとるということに最後は落ち着くのだが、それさえも「自分はしたくない」、「私はそういうのは苦手」と言い出すメンバーもいた。自己主張が強いグループだから仕方がないのかもしれないが、これにはさすがに参ってしまった。結局、自主的に手を挙げた、2、3人が議事録をとることになり、以降はそれをラウンドテーブルで発表することにした。

実際に自分たちの活動を視覚化してみると、後で振り返った時にも勉強になるし、**何よりもこの事業部にとって必要な知識を蓄積するようなものだった。**

TEAMカイゼン活動の新しい醍醐味を学んだ気がした。

活動を通じて自分たちの成果を出すだけでなく、職場に必要なナレッジ（知識）を蓄積することができる。これから新しく職場に入ってくる人にとっては、このナレッジはすぐに役に立つ情報ばかりだった。

私たちはまたひとつ「新しいやりがい」を見つけたような気がしていた。

ところで、会社の中にやりがいを見つけている人はどのくらいいるのだろうか？

あるFMのラジオ番組で有名な経営コンサルタントが、「ビジネスマンは、会社にウキウキしながら出社しなくてはいけない」と言っていた。

ごもっともだと思う。

でも、どうやったらウキウキして出社ができるのか？

そのひとつの答えが、ＴＥＡＭカイゼン活動にあるのではないだろうか。

私にとっては、営業でお客様と良い関係を築いていくことだけでなく、職場に必要なナレッジを積み上げるという喜びを見出すことができた。それまでの自分と比べたら、**明らかに「ひとつ上の気持ち」で仕事に取り組めるようになったと思う。**

このチームが編成されて間もない頃、自分の思いどおりにならずにこの活動を投げ出したくなっていた。もし、そこで活動をやめていたら、この「やりがい」を見つけることができずに終わっていたことになる。

実は、このナレッジを作った経験が、次ラウンドのＴＥＡＭカイゼン活動に大きく活かされるのである。無駄なものなんて何もない。好きか嫌いかを自分で勝手につけているだけなんだろう。

解説

■TEAM活動を組織の知恵にしよう

話し合ったことは「見えるように」したい。

話し合いのプロセスを整理して確認すること、メンバー全員で同じイメージを共有することが大切です。

「そんなのは、当たり前じゃないか」と思う方がいるかもしれません。

しかし、私の経験から言うと、ホワイトボードやフリップチャートに話し合いの内容を書き込み、全体で共有しながら議論を進めているケースはむしろ稀です。

空中戦（話だけしている状態）を延々と続けていることが多いのです。

このように話し合いを可視化しないと、議論が拡散したままで、ループ（同じことの繰り返し）してしまうでしょう。これだけではありません。途中で進むべき方向が見えなくなってきたり、メンバーの理解レベルにばらつきが生じたりして、話し合いが混乱します。

目と耳で確認し、全員が同じレベルで話し合いを共有していくことが大切です。

話し合いを進めていくと、いろいろなアイデアが湧いてきます。

まさに「三人寄れば文殊の知恵」です。

アイデアをイメージに留めずに、言葉や形に落としていきましょう。

言葉や形を共有することで、具体的な行動を描くことができるのです。


組織のナレッジが、「砂の山」ではいけません。

砂の山は、風にとばされ、波にさらわれ、すぐに形がなくなります。

そうではなく、ブロックを積み上げるようにナレッジを蓄積したいものです。

風が吹こうが波がこようが、ビクともしない大きなナレッジの山が積み上がるでしょう。

空中戦は「砂の山」、視覚化された議論は「ブロックの山」になります。

ストーリー⑩

トップが現場の声を受け止め、すぐに実行してくれた

「顧客や営業戦略について、じっくり考える時間を、もう一度復活させてほしい」

ラウンドテーブルのなかで、ごく自然に私は進言していた。

なにも自分だけの気持ちではない。現場の全員が感じていたことを代弁しただけだった。

驚くべきことに、数日後のマネジメント会議で上野部長はこの要望を決裁してくれたのだ。仲間から感謝をされたことは嬉しかったが、それ以上に嬉しかったことがある。

それは、**自分の存在意義**のようなものを感じられたことだ。

「自分の発言が組織に影響を与えられる」

この手ごたえは、言葉にできない喜びであった。

また、ことあるごとに上野部長は「この時間は柴崎の提案によるものだ」と言い続けて

くれた。これも嬉しかった。

「一介の営業マンである私の声をトップが真剣に受け止めて、組織のルールとして取り入れてくれる」

上野部長を交えたラウンドテーブルは、とてもやりがいのある場であった。

そう感じていたのは、私だけではなかった。

この一件以降、TEAMカイゼン活動の参加動機を聞いてみると、「上野部長と直接話せる機会があるから」という声が多く聞かれるようになった。**誰もが「上野部長が何を考え、どう思っているのか」を直接聞きたいし、話をしたかったのである。**

上野部長のように、現場の声を真摯に受け止め、対話してくれる上司じゃないとそれは叶わない。

ラウンドテーブルには、頭ごなしに発言をする管理職も残念ながら参加していた。

これをやってしまうと、誰も声を発することができなくなってしまう。

受け止めてくれると、「対話の場」ができる。「対話の場」ができると、前向きな意見がたくさん出てくる。私の進言は、まさにそんな流れから生まれたものだった。

雲の上のように感じていた上野部長に私が意見を言えるようになったのも、**私たちの活動や意見を上野部長が「受け止めてくれた」ことを幾度も実感したから**である。

今でもなお、上野部長のことを「怖い」、「とっつきにくい」と思っている営業マンも沢山いる。これは1年前に私が抱いていた印象と同じだ。彼らは上野部長と対話をする機会がないだけなのだ。

私が将来、部下を持ったときには、部下が臆することなく提言してくれる上司でありたい。TEAMカイゼン活動のラウンドテーブルの場で、大事なことを教えてもらったような気がする。

解説

対等感を持たせる。それが組織への関心を高めるやり方

あなたの職場では、自由に意見やアイデアをトップに言うことができますか？

ストーリーのなかで、主人公が臆することなく進言し、上野部長がそれを受け入れています。

この頃になると、参加メンバーから上野部長に対して、前向きな意見やアイデアがたくさん出てくるようになりました。上野部長がそれを公然と周りに話すことにより、事業部全体にオープンな雰囲気が流れ始めました。役職や立場を超えて認め合える連帯感が生まれてきたのです。

「前向きな提言をすれば、自分も同じように認めてもらえる」

そうした期待が拡がっていました。

主人公も、公然と褒められたことで仕事が楽しくなったようです。

他にもよいエピソードがあるので、いくつか紹介します。

【エピソード】

TEAMカイゼン活動のメンバーが「やりたい」と意気込んでいたことに、管理職が一斉に反対したことがありました。しかし、上野部長は次のように言ってメンバーに実行を促したのです。

「やる前から『ダメだ』では何もできなくなってしまう」

「全体ではなく一部の地域に絞って、先ずはやらせてみよう」

こうした上野部長の姿勢が、メンバーの遂行力を高めたことは言うまでもありません。

【エピソード】

この頃の上野部長の口ぐせ。

「日々の意思決定の際には、マネジメント会議から得られる情報よりも、このラウン

図19　規範を見直そうという進言／共有規範の見直し

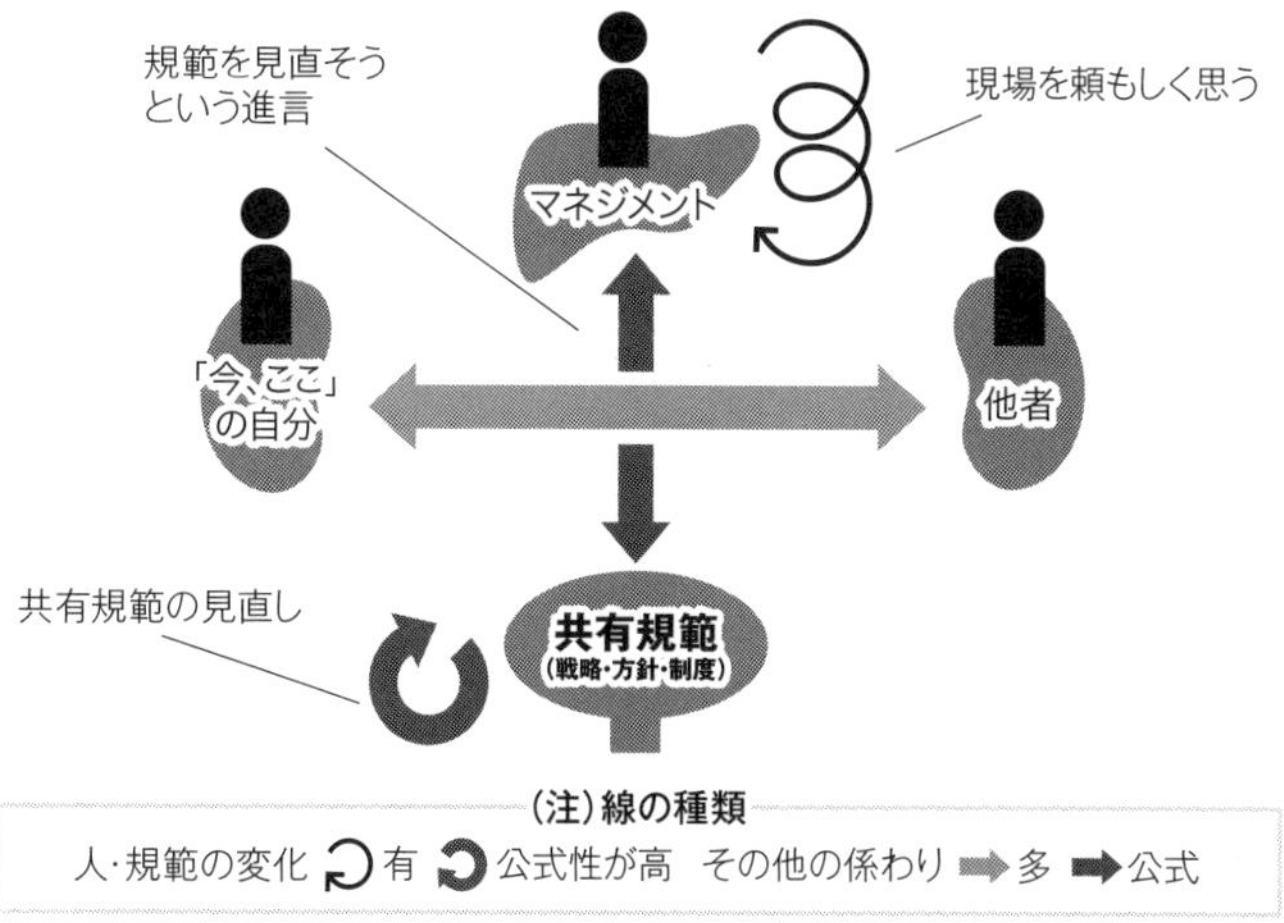

ドテーブルで得られる情報や温度感を大事にしている。私にとって、この活動はなくてはならないものになっている」

【エピソード】
ラウンドテーブルの対話のなかで、すぐに上野部長が方針を変えられるものについては、その場で意思決定をしていました。

たとえば、上野部長が良かれと考えてやっていた報奨制度が「ニンジンをぶらさげられているようで、馬鹿にされている気分」と現場から受け止められていることが判明。ラウンドテーブルの場ですぐにその報奨制度が廃止されました。こうしたトップの真剣な姿勢が、参加メンバーを鼓舞していました。

いかがでしょうか。

部下のモチベーションのスイッチは、こうした対等感で「ON」にすることができます。

給料を払っているから「やって当然」という態度や、「言われたことをしっかりやっていればいい」という態度をとるマネジメントも少なくありません。**人を道具のように扱う組織に忠誠を尽くす人はいません**し、積極的に成果を上げようとする人も少ないでしょう。

上野部長のように仕事の大切なパートナーとして従業員を認知・信頼し、彼らからの創発に感謝したいものです。

マネジメントが現場を認めた瞬間から、現場との関係性がドライブします。

上野部長の言動が変わってきたことで、ますます現場のやる気に火をつけました。

「上野部長の思いにもっと応えていきたい」、「組織のなかで自己実現をしたい」

そういうプラスの波動に満ちてきた時期だったように思います。

▼――上級管理職の中山さんのコメント

導入当初からラウンドテーブルに参加していましたが、この頃から「ああ、もう彼らに任せていても大丈夫なんだな」って思うようになっていました。「出してくる結論」、「活動のプロセス」、「こういう職場にしたいという提言の数々」をみて、こんな気持ちに変わっていったのです。

▼――やってみた人の声（進藤さん）

恐怖心がなくなると、上野部長へ進言できるようになりました。この頃から、上野部長の発言も変わってきたように思います。「普段、マネジメント会議で耳にする話とだいぶ違うな」ということをよくおっしゃっていました。

おそらく**現場に転がっている本当の問題が見えてきたから**ではないでしょうか。私たちの話を聞いてくれて、対等に話をしてくれると、「命令」や「指示」よりも現場は動くものだと私はそう感じていました。

▼――やってみた人の声（山崎さん）

回を重ねるごとに、マネジメントの方々に意見を言う場面が増えました。やっていくうちに自分たちの活動に自信を持てたからだと思います。

▼――やってみた人の声（堀口さん）

「便利なツールがあるようだからそれを使ってみてはどうかな？　詳しい内容は私も調べてみるよ」

ラウンドテーブルで、あるマネジメントの方からいただいたアドバイスです。一方的な指示ではなく、一緒に良いものを作っていきたいという姿勢が伝わりました。普段、マネジメントの方々と会話をする機会がほとんどない私でしたが、親しみを抱いたのを覚えています。

▼――やってみた人の声（飯野さん）

私自身が上がり症というのもあり、はじめのうちは上野部長に提言するなんていう大それたことはできませんでした。どんな発表内容であろうとしっかり聞いてくれる姿を見て安心しましたし、上野部長が笑ったり、アドバイスをしてくれたりすることで親近感が湧き、提言しやすくなった気がします。

▼――やってみた人の声（三塚さん）

活動を始めた頃は、私たちの問題認識に対して「なぜこんなことができないのか？」といったマネジメントの意見が多かったと思います。回数を重ねるごとに、私達の目線で話をしてくれたり、「これを取り入れてみてもよいかもしれない」という押し付けではない意見を言ってくれるようになりました。

私たちの活動に信頼を寄せてくれているのを感じました。私たちもマネジメントを信頼できるようになりました。

ストーリー⑪

組織や上野部長に関心を持つ人が増え始めた

この仕事について3年目を迎えた2008年4月。

私自身として3回目のTEAMカイゼン活動が始まろうとしていた。

「上野部長の話を聞きたい」、「上野部長と本音で対話がしたい」と意気込む初参加のメンバーも沢山集まっていた。

上野部長が、TEAMカイゼン活動で得た情報を組織運営の意思決定に大いに活用していることが、現場にも広く伝わったのだろう。上野部長に対するイメージが変わってきていたのだ。

私の進言も、このイメージ形成に一役かうことができたことは嬉しかった。

そして、もうひとつ変化したことがある。

それは、TEAMカイゼン活動に参加していた数名がグループリーダーに昇格したことだ。仲間と協力して、仕事をより良くしていこうとする姿勢が組織に認められたのだ。これは、この職場が良くなっている確かな証拠のように感じた。

▼──やってみた人の声（宮下さん）

私の職場では、毎朝全員が集まって朝礼があります。月曜日は上野部長がフリーで話す時間です。ここで上野部長は、ラウンドテーブルで私たちと対話した内容を嬉しそうに話すことがよくありました。

ラウンドテーブルの場で、参加者が上野部長を褒めたような発言をしたことがありましたが、「最近褒められることがなかったので、嬉しかったよ」と冗談っぽく、でもまんざらでもなさそうに話をしてくれたのを、よく覚えています。上野部長がラウンドテーブルの場を楽しみにしている様子が伝わってきて、私たちのモチベーションは上がりました。

■チームを越えて協力関係ができる

新しいチームになったこのラウンドも「営業ネタ」が取り組みテーマになったが、解決方法は全く違ったものであった。今回は、自分たちでナレッジデータベース（ＤＢ）をつくろう、という話になったのだ。

営業する前に、このデータベースにアクセスすれば、営業ネタに困ることがなくなるようにしたかった。まだ誰もつくったことがない仕組みをつくるワクワク感と楽しみに溢れていた。上野部長も「現場に必要なものは現場が自らつくっていくのが一番だ」と言ってくれ、期待を寄せてくれていた。

――しかし、どうやって「夢」のようなナレッジＤＢを作ればいいのだろうか？
具現化の方法に苦労していたが、ラウンドテーブルで他のチームの発表を聞いていた時に答えがひらめいた。「これだ！　これと同じ方法なら、私たちの『ナレッジＤＢ』もうまくいくはずだ！」。

別のチームも私たちと同じように「営業ネタ」をテーマに掲げており、「データベース化」を試みていたのだ。データベースソフトなんて扱ったことがない私たちは、早速、そのチームでソフトを駆使している宮下さんに相談してみた。

「喜んで手伝いますよ！」と宮下さんは、快く言ってくれた。

ただでさえ、本業や自分たちのＴＥＡＭ活動で忙しいのに、私たちの活動のために時間を割いてくれるというのだ。

宮下さんは、幾度となく時間を割いてくれて、懇切丁寧にやり方を教えてくれた。宮下さんに、こんな才能があったなんて思いもよらなかった。営業をしているだけでは、この才能に気づくことはできない。席も近く、よく話をしていた私でさえも知らなかったのだ。後々、この活動がきっかけとなり、「宮下さんといえばＩＴ、ＩＴと言えば宮下さん」というくらい有名人になっていく。営業でも活躍していたが、ＩＴを駆使する宮下さんはもっと輝いて見えた。

普段は、物静かで控えめな宮下さんが、データベースに脚光があたってからは、どんどんリーダーシップを発揮していった。宮下さんのおかげで、パワーポイントの上手な使い方やデータベースソフトを覚える人がたくさんでてきた。これまでは、パワーポイントを使ってプレゼンする機会のない職場だったけど、TEAMカイゼン活動のラウンドテーブルではパワーポイントを使って発表をする。

この活動が始まってから1年経った今、パワーポイントだけでなく、データベースソフトまで習得する社員が出てきたのである。とてもすごいことじゃないだろうか。

普通に営業するだけだったら、こんなスキルは要らないし、宮下さんも注目されなかっただろう。

TEAMカイゼン活動には、本当にさまざまな副産物があるものだ。

解説

チーム同士のシナジー効果。これがラウンドテーブルの醍醐味

月に一度のラウンドテーブルでは全チームが一堂に会し、それぞれの活動内容を分かち合います。

これには2つのねらいがあります。

1つ目は、チーム同士のシナジー効果（相乗効果）。もう1つは、全員に「仕事の全体像」を見えるようにする効果です。

ストーリーにも他チームのやり方にヒントを得て協力し合うケースがでてきます。よい活動は周りの共感をあつめます。活動を継続していくと、ストーリーのようなチーム間のシナジーが次々と起こってきます。

また、すべてのチームの活動内容を聞くことで、**普段は自分の仕事しか見えていない人たちが、職場全体・仕事全体が見えるようになります。**「開発部門にこんな問題があるんだ」、「営業が、こんな悩みを持っているなんて知らなかった」、「管理部門にも大変なことがあるんだな」と気づきや共感が生まれます。**会社全体が見えてくると、自分の仕事への意義、組織へのロイヤルティ（忠誠心）、愛社精神が芽生えてくる**ものです。

これら2つの効果が、TEAMカイゼン活動をさらなる高みへ向かわせます。

ラウンドテーブルの進行役は、この2つの効果を引き出すようなファシリテーションを心がけましょう。それぞれのTEAM活動の良いところをみんなで考える、各チームで活かせることがないかを考える、などの工夫は効果的だと思います。

マネジメントは、物語療法で

物語療法を説明するエピソードをひとつ紹介します。

TEAM活動でつくっているナレッジデータベースに、上野部長が時間をみつけては「メンバーの一人としてコメントを入力していた」のです。ただでさえ多忙を極める上野部長がDBにコメントしてくれるなんて参加メンバーは夢にも思っていないわけですから、効果は絶大でした。

「上野部長も係わってくれている」という嬉しさが、現場メンバーのやる気をさらに高めました。

雲の上の存在の上野部長が、外側から論評するのではなく、現場の活動（物語）のなかに入ってきてくれたのです。現場メンバーにとっては、これほど嬉しいことはあ

図20　マネジメントは「物語療法」で

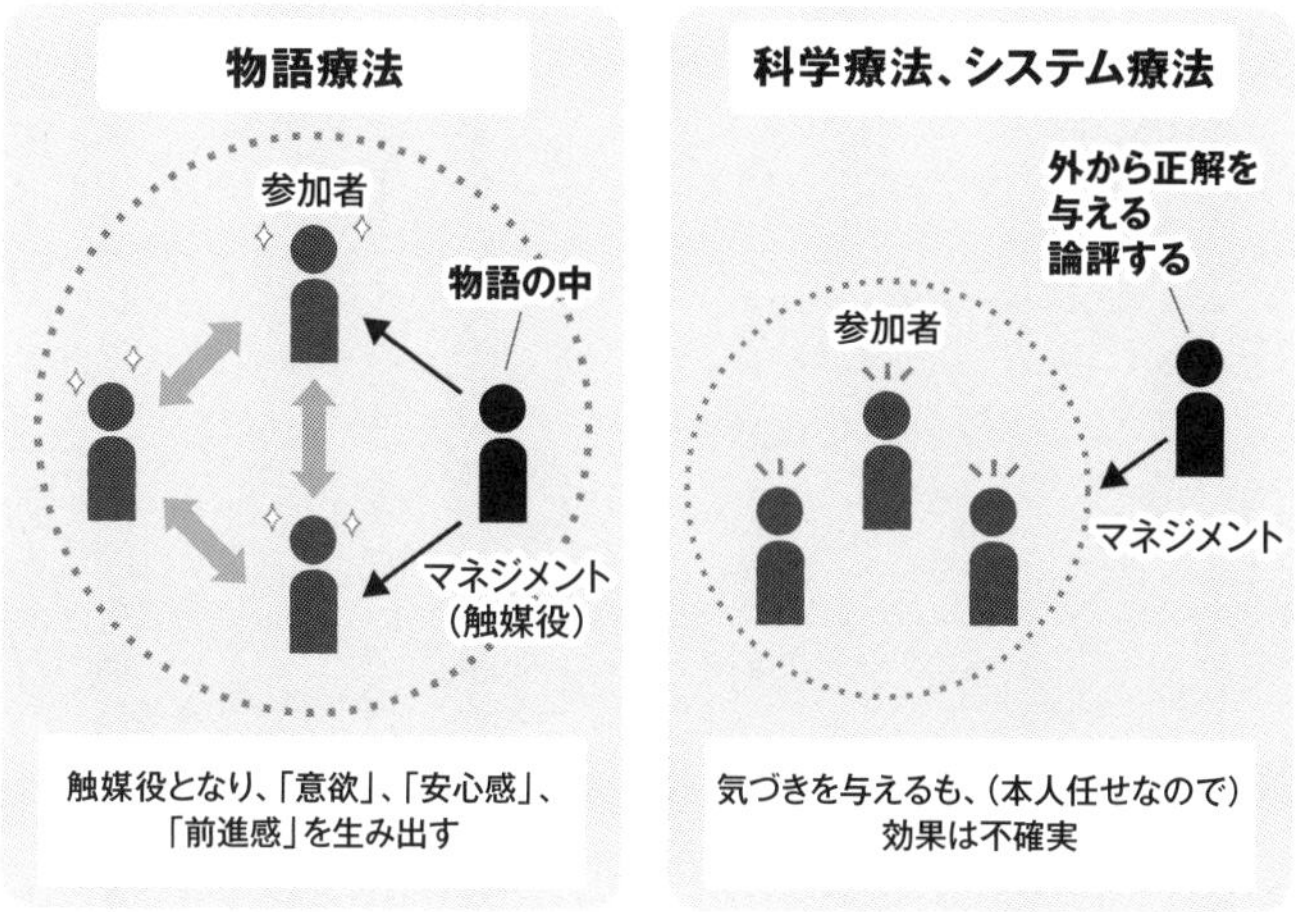

りませんでした。

上野部長のこのアクションは、現場メンバーとの信頼関係をより深いものにし、TEAM活動をさらに前に進めただけではありません。上野部長ご自身が物語療法のパワーを図らずも知ることになったのです。

第3章で書いたとおり、マネジメントが触媒役として現場の物語のなかに入り込むことで、メンバーは安心感と前進感の両方をもってそれに取り組むことができます（物語療法）。反対に、現場に入り込まず、上から目線でメンバーの活動を論評していては、やる気、貢献への思いを損ない、意欲、アイデア、ナレッジの循環を損ねてしまう恐れがあります（科学療法、システム療法）。

ラウンドテーブルの係わりだけではなく、現場の自主活動に、さりげなくその一員として参加していく上野部長の姿勢に、「生きた現場力」づくりの大きなヒントがあります。

4-4 信念

ストーリー⑫

積み上げてきた関係性がズタズタに切り裂かれてしまう

2008年10月。

職場に衝撃が走った。

これまで2年間、TEAMカイゼン活動を通じて信頼関係を築き上げてきた上野部長が人事異動になってしまったのだ。

「いったいTEAMカイゼン活動はどうなってしまうんだろう」

私たちは不安でいっぱいだった。

後任の久保部長が、引き継いでラウンドテーブルに参加してくれることになったが、そのラウンドテーブルで事件が起きてしまったのだ。

「カイゼン活動を通じて、仕事を楽しくしていきたい？」

「仕事って、もともと面白いもんじゃないだろ」

「何を甘っちょろいことをいっとんのや！」

「営業マンたるもの、モチベーションなんていうものは、数字の達成でしか得られない」

「そうじゃなかったら、営業マンではない！」


久保部長のこの言葉に、みんなびっくりしてしまった。唖然としたという表現のほうが正しいかもしれない。

そして、さらにショックなことが起きてしまった。

今まで私たちと一緒にやってきたマネジメント

モチベーションなんて
数字を出せばおのずと
上がるものだろう
こんな所でウジウジ
言い訳を考えている
暇があるなら
一件でも多く数字を
上げようとは
思わないのかね？

の人たちまでもが、その言葉に同調してしまったのだ。

「どうして反論してくれないんだ」

「仲間と協力して、仕事をより良くすることが楽しいからみんなやっているんじゃないか。そのことをよく分かっているのに、なぜ何も言ってくれないんだ」

私たちは一気に幻滅してしまった。

マネジメントの人たちも所詮はサラリーマンなのだ。

同調するより仕方がなかったのだろう。

「まったく分かっていない。この新しい部長は、私たちの気持ちなんて何も分かっていない」

みんなの落胆で、ラウンドテーブルは暗い雰囲気に包まれた。

このラウンドのＴＥＡＭカイゼン活動は、重々しい空気のなかでスタートすることになってしまった。

「職場を自分たちで変えていこう」とする主体的な人々の集まりであっても、こんな雰囲気では以前のように活発に意見交換することが少なくなってしまった。

「この上司の下では何を言っても駄目なんだ……」とあきらめ感が漂ってしまっていたのだ。

悪いことにこの頃、リーマンショックが起きた。

会社の業績が下がっていくなか、「とにかく数字を上げろ！」というムード一色になっていった。久保部長の性格が、この雰囲気をますます加速させたのは言うまでもない。

この頃から、「自分の数字だけを重視する」人が増え始めた。「人には目もくれない。とにかく自分だけはやる」という雰囲気が蔓延していた。確かに、利益を上げることは大事なことだが、何かに急がされながら（半分脅されながら）、本来の意思とは別のところで動いている人が多くなっていた。

周りの人と助け合うことが好きなのに、自分の数字を重視するがゆえに殻に閉じこもってしまった人。明るい性格でお客様の声に耳を傾けられる人なのに、眉間にしわを寄せて半ば強引な営業をやり始めてしまう人。お客様の状況を深く理解して営業していた人なのに、上司から与えられた商材をただひたすら売り続けて疲弊する人。こんな人ばかりが増えてしまったのだ。

「お客様とよい関係をつくるのが私たちの仕事なのに、数字のために自分たちの都合を押し付ける営業をしてしまっている……」と苦しそうに吐露する人までいた。明るかった人ほど思い詰めるようになってしまい、笑顔が消え、いつも疲れた表情をしていた。

本当に、重い空気が漂い続けた数ヵ月間だった。

■数字を求められる活動に、違和感が……

「数字偏重」の職場の雰囲気は、TEAMカイゼン活動の雰囲気も確実に変えてしまった。利益に直接結びつく活動をあからさまに求められたのだ。

精神的に厳しかった。すぐに利益に結びつかない活動は「悪」のような存在に思われてしまっていたからだ。一件でも多く営業活動をした方がいいという理由から、「TEAMカイゼン活動なんてやっている場合じゃない」と捨てゼリフを残して、途中で活動を投げ出してしまう人まで出てきてしまった。

活動テーマも、そのほとんどが「営業成績を上げるために何ができるのか」という内容のオンパレード。本来なら、自分たちが「より良くしたい」と思うことをテーマに掲げて活動するはずが、「営業の数字を上げる」こと以外をテーマを掲げることは許されない雰囲気だった。

この活動は収益に結びついていいます、という嘘っぽい成果発表をみんながやりはじめた。

ただちに「やらされ感」が拡がった。

「こんな活動だったら、やらないほうがいいのではないか」とさえ思うほど内容が変質してしまっていた。

ラウンドテーブルの発表も、「気づき」や「創造性」が促されるものではなく、「これだけ成果が上がりました」とか「ここまでしか成果が上がりませんでした。すみませんでした」というなんとも面白くない発表ばかりであった。

「協調」や「チームワーク」の組織文化をつくるのに約2年という決して短くない月日がかかったが、マイナスの雰囲気に陥るのは驚くほど早かった。時間をかけて積み上げてきたものが、音を立てて崩れ去っていくようだった。

「疲れた」、「もうついていけない」、「失望した」と、たくさんの退職者が出てしまう事態となった。残った社員の何人もが燃えつき症候群になってしまい、数ヵ月後には、さらに数名が辞めてしまうことになる。職場にとって大事だと思う人が続々と退職してしまったのだ。

収益至上主義の代償はあまりにも大きかった。


こんなメッセージをくれた仲間がいた。

その女性はこれまでＴＥＡＭカイゼン活動に参加していたが、このラウンドは参加していなかった。久保部長の下では、この活動をやっていくのは難しいだろうと考え、参加を断念したらしい。

「しかし、こういうときだからこそ声を出していかなくてはいけなかった」

「参加できなくてごめんなさい……」

彼女の悔しさのにじむ言葉に触れ、「ここは残ったメンバーが頑張らないといけない」そう思わずにはいられなかった。


もうひとつ、やるせないことがあった。

前回のチームでデータベースソフトの習得を一生懸命やってくれたＫさんが参加しなかったのだ。上司からの間接的な圧力がかかり、今回の参加を断念したそうだ。

本当なら僕も抜けたくはないんです…
ですが… GL《グループリーダー》がどうも以前から活動を良く思ってなかったらしくて…
それが部長が変わったのをきっかけに…
すみません…!!
活動に陰りが生じ始めていた
戸部さんを皮切りに
活動を辞める人が急増した
それだけではない、中には
そのまま退職してしまう人まで現れたのだ

Kさんだけではない。Kさんと同じグループから参加者がまったくいなくなってしまったのだ。TEAMカイゼン活動に価値を見出していたとしても、所詮はサラリーマンだ。上司から参加することを苦々しく思われれば参加することができなくなってしまう。

職場は日ごとに、良くない方向に向かっていた……。

解説

「知ってやる」の魔力は、自主活動を失敗させる

マネジメントが自主活動に過度に成果を求めたり、思惑でコントロールしようとすると、TEAMカイゼン活動の効果をほとんど発揮することはできません。「成果」という言葉は、思考を硬直化させ、発想を固定化してしまうようです。

久保部長が参加したラウンドテーブルは、もはや対話の「場」ではありませんでし

図21 マネジメントからの圧力大／コミュニケーション不全

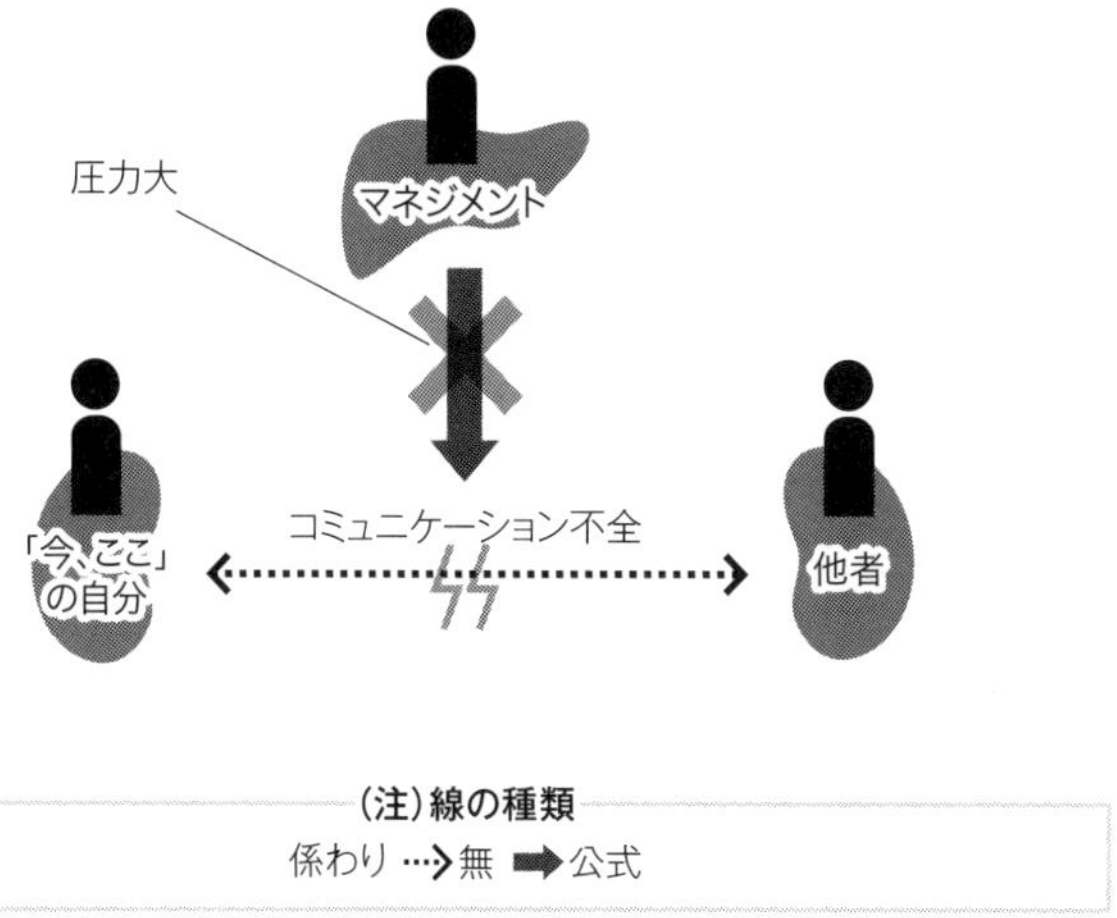

た。「こうしてやろう」、「こうやらねばならない」という思惑に満ちていました。

「やって知る」場に「知ってやる」を持ち込んでしまったのです。

「知ってやる」の代表例である「成功体験」、「ベストプラクティス」、「費用対効果」には、分かりやすく、そのなかにいる限り自分は正しいと安心できる、そういう魔力があることは第2章で書いたとおりです。実際にこれに陥ってしまうマネジメントはあまりにも多いものです。

久保部長の発言は、「知ってやる」

の魔力に囚われたものでした。

「部下の教育をしている時間があるなら、自分が率先して営業するものだ」

「顧客戦略を考える時間があれば、一件でも多く営業しろ。走りながらモノを考えるくらいが丁度いい」

「仕事のカイゼンを検討して、いったい売上がいくら上がるんだ？」


ラウンドテーブルに参加しているメンバーは、数字の成果だけではなく、仲間やトップとの対話から生まれる創発を楽しみにしていました。こうした創発が、職場をより良いものにしているという思いでつながっていたのです。


ところが、どうでしょうか。

久保部長の態度は、こうした参加者の思いにまったくかみ合っていません。

ラウンドテーブルでは、トップは思惑を捨てて対話をする必要がありますが、久保部長は「場」をコントロールしてしまいました。

実際に、ラウンドテーブルの後に何人もの人が「怖かった」、「萎縮して何も言えなかった」とこぼしていたのを覚えています。TEAMカイゼン活動を始める2年前に、逆戻りしてしまう危険がありました。

恐怖心のあるところに創造性は生まれない

タイル張りの廊下があります。
このタイル幅（40センチ）の上を、みなさんは10メートル先まで歩いていけるでしょうか？

普通の人なら何事もなく歩いていけるでしょう。

では、同じ40センチ幅のタイルの両脇が断崖絶壁になっていて、100メートル下には激流がゴーゴーと音を立てて流れています。
あなたは同じように10メートル先まで歩けるでしょうか？

ほとんどの人が怖くて一歩も踏み出すことができないでしょう。

恐怖のあるところでは、一歩を踏み出せないのです。

ストーリーのなかでは、久保部長は「恐怖を与えて」しまいました。

こうなると、新しい意見や発想は生まれてきません。

事実、久保部長の意向に合うことにしか参加メンバーの視点が向かわなくなりました。トップに怒られたくない、気に入られたいという外的動機が活動を支配したのです。

その結果、「生きた現場力」とは程遠い「言われたことをただこなす活動」になってしまいました。

トップには、こうした「パワー」があります。

その「パワー」で恐怖を与えるのではなく、信頼を与え、「場」から主体性や創造性を引き出してほしいものです。

「生きた現場力」をつくるうえで、極めて大事なトップの役割になります。

ストーリー⑬

私たちの活動も困難の壁に

この大変な時期に、私たちのグループは、「ナレッジDBをつくる」ミニプロジェクトを推進していた。この時期のＴＥＡＭカイゼン活動は、利益に直結する活動が求められていたが、幸いにも「営業の成功体験のナレッジ化」という私たちのテーマは、周りからとやかく言われることは少なかった。

「このナレッジで、ぜったいに数字を上げてやる！」

「この活動が成功すれば、ＴＥＡＭカイゼン活動への理解も得られるはずだ」

こう言い聞かせて、私たちは励ましあっていた。

しかし、この意気込みも次第に職場の悪い空気に包まれていってしまう。

ナレッジDBをいろいろな人が利用して、生きた情報がたくさん集まるはずだった。「情報の整理が大変になるに違いない」と先々を心配する声まであったが、それらはすべて取り越し苦労であった。

数字に追われる毎日で、情報を書き込んでくれる人がほとんどいなかったのだ。

すっかり落胆してしまったが、私たちですら目の前の数字に追われると情報の書き込みどころではなかったのが現実だった。

支えてくれたのは心ある仲間だった

この活動を、なんとかやり続けることができたのは、浦塚さんと宮下さんのおかげだった。

浦塚さんは、一つひとつの活動を怠らないで、まじめに実行していた。

きっと彼女は、チームメンバーでさえＤＢに入力しない状況に何度も落胆しただろう。それでも浦塚さんは、自分の成功体験を入力することはもちろん、他人が書き込んだ情報にもすべて丁寧にコメントをしてくれていた。使わないとＤＢの良し悪しに気づかない。気づかなくてはＤＢの進化はない、ということを自らの行動で教えてくれた。

浦塚さんとは、２年間も一緒にＴＥＡＭカイゼン活動をやってきたが、このラウンドで新しい一面を知ることができた。この活動がなかったら、彼女の素晴らしい一面に触れることはなかったかもしれない。

そして、もう一人、このチームを支えてくれたのは宮下さんだ。

宮下さんは、前回のラウンドで、私たちのＴＥＡＭ活動のために多くの時間を割いてくれた恩人である。今回同じチームで活動をすることになって、今まで知らなかった一面をいくつも知ることになる。

このころから、宮下さんは「ＩＴ部長」というあだ名までついていた。

チームの話し合いで、「こうした方が良さそう」と意見が出るとすぐにＤＢを修正してくれる。面倒な要件でも、業務の時間をやりくりしながら、私たちがびっくりしてしまうスピードで対応してくれた。

「こういうのは、熱いうちにやらないと」が彼の口ぐせだった。

頼もしいし、格好いい奴だな、と思った。

また、彼の分析力と発想力は光っていた。

DBを修正する際には、実際に自分でも使ってみて、動作や効果を検証してくれていた。

「こんな機能もあったほうがいいと思いまして」と、サラっと提案をしてくる。

同世代の宮下さんに、こうした分析力や発想力があったなんて、まったく知らなかった。

「俺も相当がんばらないといけない」、心の奥底から焦りのようなものがこみ上げてきた。

とかく営業の部門では、営業成績だけで人を判断してしまいがちである。

私は転職組だから良く分かるが、世の中には、そういう会社が多い。

数字以外にも職場に貢献できる長所や特技を持った人はたくさんいる。

しかし、その長所を表現する「場」がなかったら、組織に埋没してしまうのではないだろうか。それではなんだか寂しい気がする。

宮下さんは、自分の居場所、確固たるポジションをつくったと思う。

現在、彼は、5人の社員を率いるグループリーダー代行に抜擢されている。


人のモチベーションというのは、目標数字を達成すれば上がるなんて単純なものではない。私の職場では、数字は半期ごとにリセットされる。もし、それだけがモチベーションの要因だとしたら、すぐに伸びきったゴムのようになってしまうのではないだろうか。

数字の達成で得られた満足感は、瞬間的なものだ。すぐまた明日から、次の数字が待っている。もちろん営業マンとして数字をきっちり達成していくことは大事であるが、これさえやればモチベーションが上がり続けるという考え方には私は同調できない。

ディズニーランドではみんな笑顔なのに、帰りの電車に乗ると、暗い顔になってしまう人を多く見かける。営業の数字からくる喜びも、これに似ているような気がしてならない。


一方で、人のつながりやチームワークにはリセットがない。

協力して、励ましあって、仕事の達成感や満足感を分かち合っていけたら、その関係はどんどん強いものになるだろう。人の結びつきが強い組織は、ますます強い組織になるだろう。

事実、私は、同じ会社で同じ仕事を続けているが、TEAMカイゼン活動のおかげで、職場が何倍にも楽しくなっている。仕事を一緒によりよくしていく仲間との切磋琢磨があるからだ。

自分たちの力で新たな展開へ

TEAMカイゼン活動が職場に導入されてからすでに2年半が経過していた。6ヵ月サイクルの活動だから、第6回目の活動をスタートする時期にきていた。

そんな時に、この職場に2つの大きな変化が起きたのだ。ひとつは、この職場に多くの疲弊をもたらした久保部長が異動になるということ。そして、もうひとつは次回から

…続けるのは構わないが
今後、私は参加しないよ
それから伊藤さんもいない
…は?

伊藤さんにご指導いただけないことがわかったのだ。

振り返ると伊藤さんの存在はあまりにも大きかった。みんなの議論が迷路に入ってしまったときも、プログラムの遂行に的確なアドバイスをいただいた。とりわけ気分転換と称しての「閑話休題」でとりあげられる経済や時事問題、企業研究などは、「視野を広げてくれる」、「面白い」と好評だった。またラウンドテーブルではトップと現場の問題意識や改善プランのすりあわせが上手くいくようさまざまな支援をしていただいていた。

伊藤さん不在でＴＥＡＭカイゼン活動の本来の意義を失わずに継続できるだろうか？

常連の参加者からは異口同音に不安の声が沸き起こった。

伊藤さん不在のラウンドテーブルを想像してみた。威圧的な発言や否定的な言動が増えてしまうのでは？　と心配せずにはいられなかった。

最近では、TEAMカイゼン活動の意義を理解してラウンドテーブルに参加いただいているマネジメントが多くなってきた。しかし過去には、「仕事なんて、もともと面白いものじゃないだろう。何を甘っちょろいことを言ってるんだ」と部下を集めて一喝するマネジメントもいた。そうなると一挙に職場の雰囲気が冷え込むのを見てきたからだ。

反面、不安とは別に一致するみんなの強い思いがあった。

「せっかく芽生えたTEAMカイゼン活動の『ともしび』を消したくない！」

なぜなら私たちは、活動の意義を充分に実感してきたからだ。
情報を共有することによってお互いに小さな成功体験を重ねてきたし、喜びあってきた。
自分たちの職場を自分たちでよくしていきたいという文化が芽生えていた。

すぐさま有志で委員会が結成された。

「伊藤さんがやってくれた閑話休題って誰がどうするのよ～」

「本気で組織や仕事のことを考えているのに、一部のマネージャーからさぼっているように見られてしまうのはなぜなの？」

「参加しない人やマネージャーの人たちってTEAMカイゼン活動のことをどう思ってるの？」


確かに月2回、計6時間の活動を好ましいと思っていない空気も一部にあった。

「やることをやってから行ってよ」

「営業として目標達成してないのに、そんなことしている暇があるわけ？」

こうマネージャーから言われて参加しづらいと言っている人も実際にいた。

「俺たちの活動をよく知らない人にとやかく言われたくない！」

その言葉に私はひらめいた。

「よし、みんな巻き込んでいこう！　ラウンドテーブルもトップマネジメントクラスだけ

人との繋がりの中で仕事を改善していく事で…
仕事がこんなにも楽しくなるんだという事をもっと多くの人に伝えたいんだ

でなく、マネージャーやマーケティング部門、研修部門、そのほか多くの人に参加を促して知ってもらおう。伊藤さんがやってくれていた閑話休題は、同じ事業部の中からゲストを招いてしゃべってもらおう」

必要なのは理解者を増やし、TEAMカイゼン活動に市民権を得ることだ。TEAMカイゼン活動を知ったうえで、もし非難があるのなら一緒に考えていこう。自分たちに伊藤さんほどの力がなければ、借りられる力を借りればいい。

TEAMカイゼン活動の熱が、事業部全体に大きなうねりとなって伝わったらどんなに嬉しいだろう。

そのための手段として、3つのことを考えた。

1つ目は、多くの人に活動のプロセスを知ってもらうため、ラウンドテーブル参加者の門戸を広くすること。

２つ目は、実際の活動で自分たちが得たものを部内全体により多く発信していくこと。

３つ目は、いろんな味方をつけるためには、こちらから多くの人に興味を示していくこと。


１つ目については、ラウンドテーブルの実施前に毎回メールで参加者を募ることにした。メンバーそれぞれが所属するチームのマネージャーに直接声をかけるなども試みた。結果として、何名かのマネージャーが参加してくれて、マーケティングチームや研修チームの方も毎回のように参加してくれた。

たとえば「モチベーション」をとりあげた発表では、「マネージャーが頑張ってくれていると思ったときにモチベーションがあがる」という発表内容に、出席していたマネージャーも大きな関心を寄せているようだった。

「研修」をとりあげた発表では「研修のレベルがあわない」、「研修の時間がもったいないと感じる」と営業現場でたまっている不満が明確になった。一方で、研修部門も営業マンのスキルレベルがまちまちであるためどう運営したらいいのか迷っていたことがわかった。

問題のすり合わせから理想の研修のあり方を考えるという素晴らしい展開がはじまった。

2つ目については、次のストーリーでお話しするとして、3つ目の話をしよう。

ゲストスピーカーとして、トップ、部長、副部長をお招きしたあと、マネージャーにもラブコールを送った。ご自身の経歴、仕事への取り組み姿勢、志、勉強の仕方など参考となる内容が盛りだくさんで、新たな発見に心理的な距離感が縮まった。

その後の「全体発表会」ではマネージャーたちがTEAMカイゼン活動に参加して感じたことや意義をコメントしてくれた。つまりは推奨派になってくれたのだ。

みんなそれぞれの立場で悩んだり迷ったりしている。きっとここに来る人は組織をよくしたいと思っている人たちだと確信できた。

まだまだ、うねりは小さい。しかし「きっとできる」私はそう思う。

▼――やってみた人の声（坂下さん）

マネージャーの丸山さんは気難しく、とっつきづらい人なので、正直に言うと巻き込むことに乗り気ではありませんでした。しかし、「丸山さんは私たちと同じように中途入社なのにマネージャーにまでなっている人なので、働く姿勢や考え方は参考になるはず」と考え、思い切ってスピーチをお願いしてみました。驚いたことに、資料まで作りこみ喜んでスピーチをしてくれました。「自分の考え」を押し付ける感じはまったくなく、素直に共感できる話がたくさんありました。喜んでいただけて、心理的な距離も近くなって、学ぶことまであって一石二鳥以上の効果がありました。

今では、丸山マネージャーは毎回ラウンドテーブルに参加してくれています。少し近くなれた気がします。こんな感じで、これからもいろんな上司を巻き込んでいきたいと思っています。

解説

■「反対派を巻き込む」くらいの気概がほしい

TEAMカイゼン活動は、「やって知る」活動です。

「知ってやる」偏重の人は、「やって知る」を好ましく思わない傾向があります。

ストーリーでは、知ってやる偏重の上司たちをラウンドテーブルのゲストスピーカーとして招くという面白いやり方をしています。

「やって知る」活動ですから、「体験してもらおう」という発想はとてもよいと思います。

第3章で言っているように、現場がマネジメントを共感させて、「やって知る」活動をキープするくらいのつもりが必要だと思います。顧客に近く、「やって知る」に触れる機会が多いのは、何と言っても現場です。**現場が起点になって、「やって知る」にチャレンジして、マネジメントに共感してもらう。「これは自分たちの仕事だ」くらいに考えたいものです。**

ほかにも、「TEAM活動に、メンター上司をつける」というやり方をしている会社もあります。「好ましく思っていない」上司にもメンターになってもらい、TEA

図22　意欲の復活／第三者の巻き込み

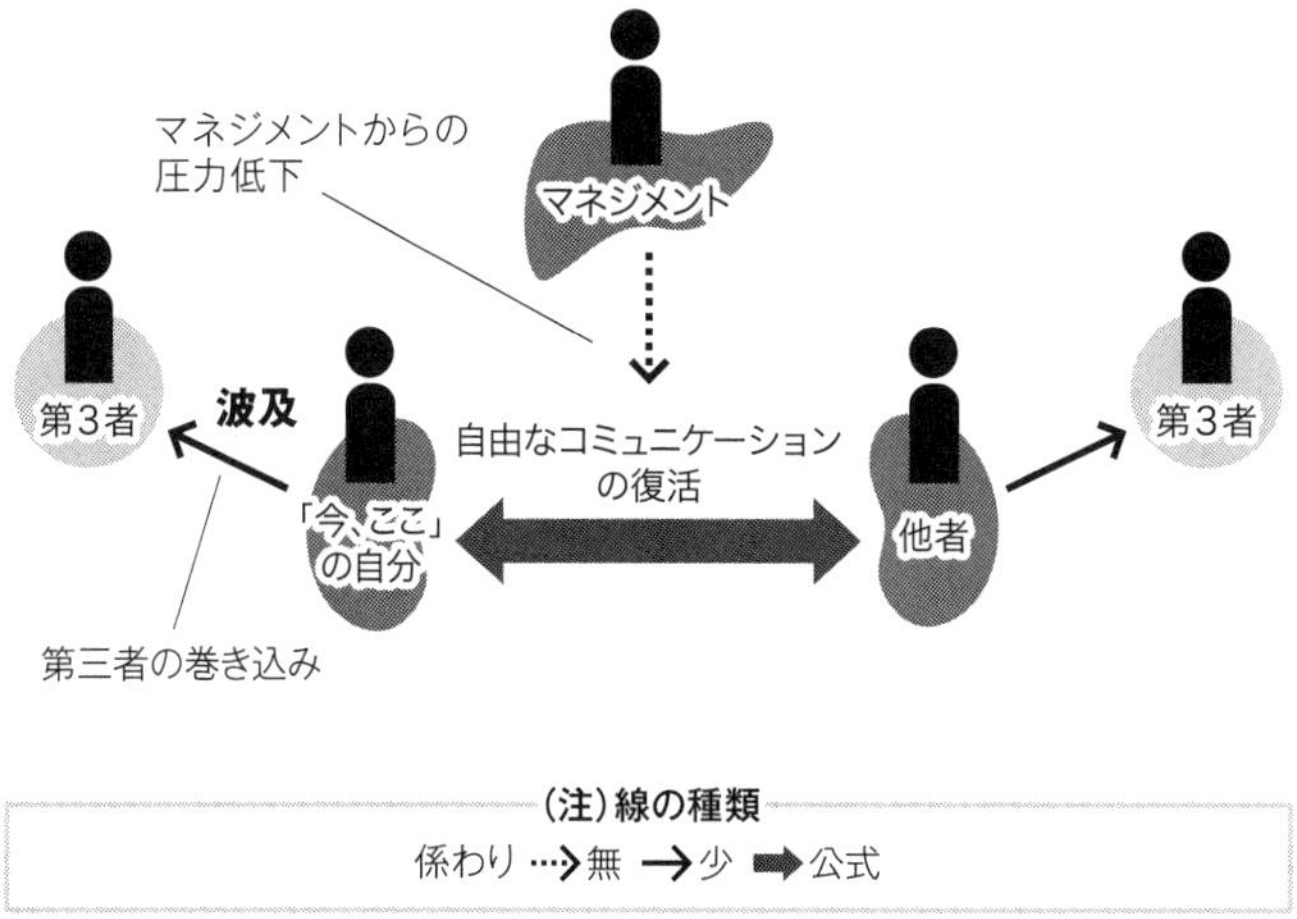

M活動へアドバイスをしてもらいます。部下から頼られて嫌な気分になる上司なんていません。こうして「やって知る」活動に巻き込んでいるのです。

ここで、巻き込むタイミングについてアドバイスをします。「ある程度、活動のレベルが高まった頃」が、よいタイミングです。

仲間やマネジメントと信頼関係ができ、よい活動が展開できている時期であれば、「なるほど、いいことやっているんだなあ」と感じてもらえるでしょう。

▼――やってみた人の声（浦塚さん）

私は反対派がいるとは思っていません。お互いを理解する機会がないだけだと思います。コミュニケーションが足りないだけで誤解を招いていることが多いです。そういう意味で、今回は直接活動を見てもらえる機会がつくれてよかったと思っています。

4-5 結実

ストーリー⑭

TEAMカイゼン活動のプラスの連鎖は始まっている

私（井原）がリーダーを務めるチームは総勢7名であるが、そのうち4名は契約社員だ。契約社員が多くいる組織では、契約更新のチケットを得るために短期的な成果を求めやすい。短期的に成果を出そうとすると、他者と協力する手間や時間がもったいなく感じられ、個人プレーに走りがちなのである。

しかし、**個人プレーよりも仲間と知恵を結集したほうが短期的にも成果は出るのだ。**

これは、私がTEAMカイゼン活動で得た教訓である。

悩んでいることを声にすることによって、周りから支援が得られる。その支援を力に自ら実践してみる。実践から得られた知恵を他者への支援に役立てる。そういったプラスの連鎖が、個人や組織にとっても、成果をもたらす良い方法なのだ。

そこで、私はチームメンバーに2つのことを提言した。

①　情報を知りたければ自分から発信をしよう。悩んでいるなら声に出そう。
②　個人で成功しても私は評価しない。チームで達成することに意義がある。

朝礼昼礼の10分ぐらいのミーティングでは、困っていること、成功したこと、知り得た業界ネタなどを分かち合っている。また、ツールを使うことでメンバー全員が

悩んでいる事を声にする事によって支援が得られる
得られた支援に自分の実践が蓄積されさらに他の人の支援に繋がってゆく

チームの目標達成プロセスを一喜一憂しながら楽しんでいる。

とりわけ、TEAMカイゼン活動に初めて参加した森田さんの情報発信力には目を見張るものがあった。

TEAMカイゼン活動で森田さんは、職場全体に向けたメールニュースの発信を担当している。彼女が発信する現場目線のタイムリーな情報は、事業部全体から大いに喜ばれている。

これだけではない。

お客様の要望に応えるために苦労してつくった資料を、彼女は惜しげもなくチームメンバーに提供してくれたのだ。その資料を使った他のメンバーは、お客様から信頼され多くの契約を受注することができた。このことはあっという間に事業部全体に拡まり、今では事業部の標準的な営業ツールにまでなってしまったのだ。森田さんの小さな情報発信が、組織の財産になったのだ。

また、不動産業界から来た小池君は建材に詳しい。環境問題や建材の廃棄物、遊休不動産に関する顧客の課題に精通しており、チームメンバーの相談に親身に付き合ってくれていた。

「僕はチームの役に立てることが、とても嬉しい」と話す彼の笑顔に私まで嬉しくなった。

次回、彼はTEAMカイゼン活動に参加する。彼から発信される情報が事業部のパワーになっていき、彼自身にも一層の磨きがかかっていくだろう。

あるとき、志が高くなかなか弱みを見せないメンバーが「今期の数字達成が見えない。どうしたらいいかわからない」と初めてチームに弱みを見せた。彼女の

現在も我々は
チームの目標達成に向けて
活動を続けています
きっと目標達成の
暁には、皆で喜びを
分かち合い、私は号泣
してしまう事でしょう

頑張りを私はずっとそばで見てきたから突然の出来事に涙がこぼれてしまった。メンバーからは、惜しげもなく苦労の体験や切り抜けた方法などが彼女に語られた。彼女は今、自らの力と応援してくれる人を味方につけて具体的な一歩を踏み出している。

チームの目標達成プロセスを分かち合うために、ホルダーを作って一喜一憂する毎日。苦しみながら知恵を絞りながら、それでも楽しくやっていきたい。

数字だけではなくて、お客様に喜んでいただいた体験を分かち合い、失敗の教訓をともに受け止めて次に生かす。きっとチームで目標達成できた暁には、私は号泣してしまうだろう。

これぞまさしくＴＥＡＭカイゼン活動の精神だと思う。

ＴＥＡＭカイゼン活動のプラスの連鎖は、活動に参加していない人の間にも始まっている。

「内発」×「チーム」が「生きた現場力」をつくる

自分たちの働き方（共通価値）を自らつくっている様子がストーリーに描かれています。TEAMカイゼン活動をスタートしてから3年が経ち、「自分の職場は、自分たちが良くしていく」という共通の価値観が根づいてきました。

こうして「時間をかけて」つくられた共通の価値観は、「強く」「しなやかで」簡単には崩れません。組織が存続していく「核」のようなものだと思います。

では、この「共通の価値観」は、どのようにして育まれるのか？

第1章で書いたとおり「内発」×「チーム」の活動がカギになります。

外から与えたり、関係性を無視していては「共通の価値観」は育まれません。

図23　共有の価値観を自分たちで創る

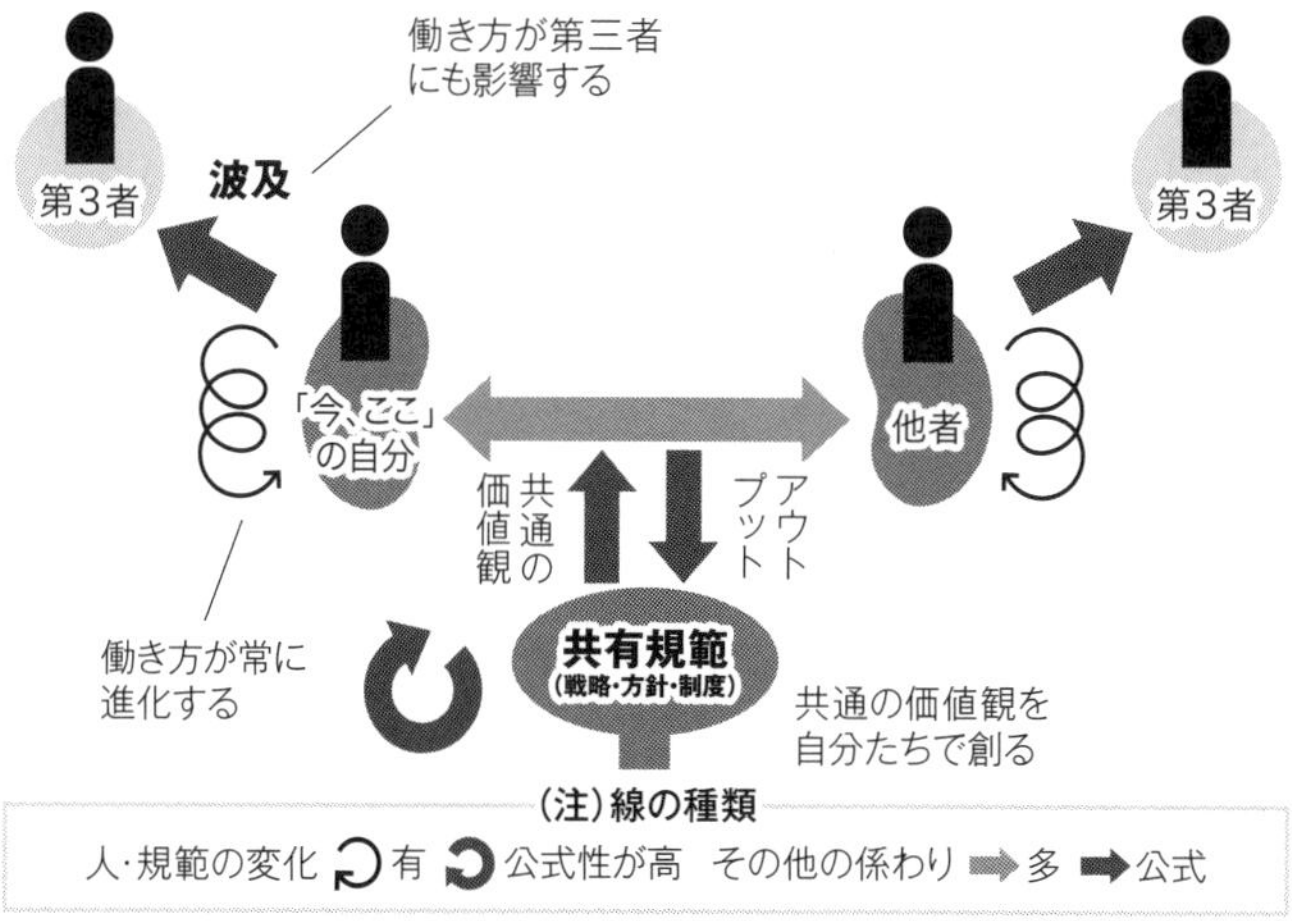

【内発動機】

マネジメントが管理やコントロールを手放すと、社員は自分たちで考え出します。自分で見つけて「やりたい」と思ったことだから、放っておいても実行されます。

「聞いたことは忘れる」（老子）
「見たことは覚える」
「やったことは分かる」
「見つけたことは、出来る」（作者不詳：老子の言葉に加筆）

【チーム】

三人寄れば文殊の知恵です。

上からテーマを与えずに、仲間と励まし合いながら新しいものを生み出すプロセスを体験させます。チームで話し合うことで、お互いのアイデアが影響されあって、様々な創発が生まれてきます。

成功の味はチームを常習者にさせます。この内発動機が活動を継続する力を生み出していくでしょう。

ストーリー⑮

TEAMカイゼン活動への初めての参加

私（森田）は初めてＴＥＡＭカイゼン活動に参加することになった。

これまでＴＥＡＭカイゼン活動の名前は知っていても、半年に一度の全体発表会でしか活動を知る機会がなかった。具体的に何をしているのかは、あまり知らなかったのだ。

参加しているのはベテランメンバーが多かったし、「参加自由」と言われても自分からは「遠い存在の活動」という感じがしていた。

ちょうど入社から1年が経とうとしていた。

もう新人扱いはされなくなり、一人前の営業として数字が求められる時期に入っていたのだ。お客様と仲良くなり、会社の状況を教えてもらうまではできるようになったが、どうしてもあと一歩が踏み込めない。どういう話をすれば契約がとれるのか分からなかった。

同期入社で同じチームの男性は、前職で法人営業を経験していたらしく、この会社でもすでに実績を出していた。

「チーム内の勉強会をもっと増やしてほしい」、「悩みや成功事例をチームメンバーと共有したい」と思っていたが、みんなは数字に追われており、チーム内で協力しあうきっかけはつかめなかった。

そんな折に、同じチームの井原さんが、「森田さん、次回のTEAMカイゼン活動に参加してみない？ 絶対に自分のプラスになるよ！」と声を掛けてくれたのだ。

興味がないことはなかったが、月に2回も時間を取られてしまうこと、自分の周りでこれまで参加した人が少ないということが気がかりだった。ギリギリまで悩んだが、これまでと同じ活動を続けていても何も変わらないだろうと考え、参加を決意した。

■メルマガ発信がワクワクと成長をくれた

TEAMカイゼン活動では、事業部全体に発信するメルマガの企画・推進を主に担当した。商材の提案方法や事務作業の効率的なやり方を情報収集して、定期的にメルマガ形式で発信していこうと考えたのだ。

メルマガのタイトル、発行頻度、コンテンツ、書式などをチームメンバーで話し合った。もともと社内メールがとても多い職場なので、ただ送るだけでは読まれずに削除されてしまうだろう。いかにタイトルの一文で興味を引けるかが重要だった。せっかくやるんだから中途半端なものを作っても意味がない。上司から情報を与えられるのではなく、現場の私たちでも価値ある情報を発信できることを証明してみせたかった。

いよいよメルマガ第1号の発信日になった。発信日は、毎月第二営業日のお昼休みの10分前。この日にちと時間帯は、みんなの目に留まりやすいタイミングを考えてのことだった。

みんなの反応も知りたかったので、各ニュースの下に評価ボタンをつけてみた。これにより、読み手の評価を知れるし、どのくらいの人がメルマガを読んでくれたかもわかるようになる。

1人でも多くの人に目を通してほしかった。配信日の数日前には朝礼でPRをした。さらに当日は各チームのミーティングでも案内をしてもらい、準備は整った。

第1号のメルマガを配信して5分、最初の感想メールが届く。

「評価：全部良かった」

この瞬間が一番嬉しかったと思う。その後も順調に感想メールは届き、その数は30通にも及んだ。中にはメールで直接感想を送ってくれる人もいた。ありがたいことに、感想メールの中に「つまらなかった」というコメントはひとつもなかった。この職場で営業をやっている人は100人いるので、全体の3割の人がメルマガに反応してくれたことになる。読んだ人全員が反応を返してくれているわけでもないから、読者はその倍くらいいるのかもしれない。

「やった！　こんなに読んでくれた人がいるとは‼」

努力が報われた気がした。

返信率3割というのは嬉しい数字だったが、人間というのは欲張りなものだ。

「もっと多くの人に興味を持って読んでもらうには何をしたらよいのだろうか？」


メルマガ第2号は、少し前に収益が上がった商材を掘り下げて特集することにした。今まであまり注目されることのない商材だったので、みんな営業話法に困っているのではないかと推測したのだ。

さらに、事務作業の特集として、数日前に、私のチームで共有して非常に喜ばれた事務作業のテクニックを掲載することにした。


この読みがずばり当たった。

メルマガ第2号は、第1号のように予告をしなかったにもかかわらず、感想メールが次から次へと送られてきた。第1号では30通に達するまで4日かかったのが、今回は何と2時間で30通のメールが届いたのだ。嬉しくてたまらず、仕事が集中する時間だったにもかかわらず、TEAMカイゼン活動のメンバーに「祝！ 第1号返信数突破‼」と題したメールを送ってしまった。みんなからは、すぐに激励のコメントが届いた。

最終的にメルマガ第2号は、50通を超える感想メールをもらうことになった。

ふと席を立ってみてみると、顔も名前もよく知らない人が、メルマガの資料を印刷してお客様に提案しているではないか。これを見て涙が出そうになった。

「私たちのメルマガが、この職場の人たちの役に立っている」

TEAMカイゼン活動に参加して、本当によかったと実感できた瞬間だった。

最初は「こんなことして、どれだけ意味があるの？」と言っていたテーマも、徐々に形が見えてくるにつれて「できるかもしれない、職場を変えられるかもしれない」というワクワク感に変わっていった。

全員が子供のように目をキラキラさせながら活動に取り組んでいた。

行動を起こさなければ何も起こらない。

TEAMカイゼン活動で仲間と一緒に推進したメルマガは、チーム内だけでなく事業部全体を巻き込むことができた。とても貴重な経験だったし、充実した時間だった。たとえ失敗したとしても、それは学びの経験だと思う。その学びをバネにして、またチャレンジしてみればいい。

自分達で改善意識を持つこと、行動を起こすことの大切さをTEAMカイゼン活動のなかで学んだ。

今まで全く接点のなかった人同士の活動が、自分をとても成長させてくれた。

このワクワク感は、きっとこれからも続いていくと思う。

▼――メルマガを一緒にやっていた人の声（最上さん）

この部署にある多数の情報の中から、特集できそうな「営業ネタ」を探してきて、自分なりの言葉に置き換えます。「どういった質問だとお客様に響くだろうか」、「どうしたら事業部のみんなに伝わり易いだろうか」と工夫しているうちに、各商材に対する私自身の理解が高まりました。

そのおかげで、自信を持って営業活動ができるようになり、営業パフォーマンスが伸びました。前向きな自分に、小さな成功を感じることができました。

▼――メルマガを一緒にやっていた人の声（鶴岡さん）

メールマガジンで、自動車の「給油カード、ETCカード」の話題を発信したときのことです。

「おかげで成約できましたよ」、「メルマガ情報を重宝しています」といった喜びの声を沢山もらえました。役に立てたことはもちろん嬉しかったのですが、「こんな資料もあるよ」、「チーム内でこういう資料を作ったから、もしよかったらメルマガで使ってね」といった情報を逆に提供してくれる人が何人もいました。それもTEAMカイゼン活動に参加していない人だったのです。

TEAMカイゼン活動に参加していない人たちにも、**「協力し合う」**、**「たたえ合う」文化が浸透している**ことを実感し、たいへん感動しました。

ストーリー⑯

TEAMカイゼン活動のスタート時から参加している東野さんのコメントをみてみよう。

東野さんは、最初はこの活動に懐疑的であったという。

しかし、2年後には「まずは自分から与える」、「ギブ アンド ギブ」を率先するようになる。

一体、東野さんにどんな心の変化があったのだろうか。

彼の言葉に耳を傾けてみたい。

■最初は「見下して」いたけど……（東野）

比較的仕事が上手くいっている状況でTEAMカイゼン活動に参加しました。

最初のセッション「問題の洗い出し」の際、みんながこんなに多くの不安や不満を抱えていることに驚きました。正直なことを言うと、上手くできていない人たちを少し見下していたのかもしれません。

私が協力すれば解決のきっかけになるのではないかと感じ、いくつかのアドバイスをしました。その結果、アドバイスを取り入れてくれて、パフォーマンスを上げる人が現れました。

感謝されることで仕事に「幅の広がり」を感じられました。

それだけではありません。

多くの意見やたくさんの協力の中で、新しい解決方法がいくつも生み出されていくことを体験しました。この職場のポテンシャルの高さを感じずにはいられませんでした。驚きでした。

この頃には、「見下すような気持ち」はすっかりなくなっていました。

みんなが問題と感じていることにこそ、この職場にとって重要な課題のシグナルがあることに気がついたからです。そのおかげで、目の前の言葉をそのまま受け入れるのではなく、その奥にあるものを見るようになりました。仕事に立体感がでてきました。

このように仕事の広がりや深みを与えてくれたのが、ＴＥＡＭカイゼン活動です。

現場の問題点をトップにぶつけることは、やり方を間違えると愚痴や不満にしか受け取られません。現に、はじめの頃は上野部長も怒りをあらわにすることが多かったように思います。

ただ、活動を続けていくうちに、お互いを理解し合うようになりました。

こうなると、TEAMカイゼン活動を始める前よりも、格段に信頼関係ができて、風通しが良くなりました。

いろいろな人が輝ける組織にしたい（東野）

私は高い営業パフォーマンスを出していました。常にトップランナーだったのです。1００人もの中、常にトップレベルに居続けることは気持ちの良いものでしたし、もちろん仕事に自信もありました。しかし、それは裏返すと、利己主義で、とても狭い範囲での満足感でした。私は少し器用なだけで、もっと言えば、この会社の評価基準では高いパフォーマンスなだけなのです。TEAMカイゼン活動に参加してみて、違う尺度で測れば、すごくパフォーマンスが高い人がたくさんいることに気づかされました。これは私の仕事観を大きく変える気づきでした。

表現は良くないですが、私は仕事をゲーム感覚でやっていました。決まったルール（社内の規則や目標）があって、その枠の中で、最大限に得点を稼ぐ（この会社の場合は収益）ことが、他人よりも少し得意なだけだったように思います。

けれど仕事には、数字だけでは測れないものが数え切れないくらい多くあります。例えば、パソコンスキルに長けていて、顧客管理の仕組みづくりや、分析レポートづくりをしてくれる人がいます。しかし、これは今の会社の尺度だと何も評価されません。もし、その人がいなくなってしまったらチーム全体のパフォーマンスは確実に落ちてしまうでしょう。

しかし、この能力は目に見えるものなので、まだマシなほうです。

短期的な営業数字を稼げていなくても、お客様との深い信頼関係を築いている営業マンがいます。しかし、今の評価体系では適正に評価されません。これは、5年10年経ってはじめて見えてくる価値だからです。半期ごとに成果を出し続けなければならない今の職場だと、こういう価値は評価されにくいのです。

ムードメーカー的な存在の人は欠かせませんが、営業の数字には表れません。絵に書いたようなムードメーカーなら、どの人から見ても目立つのでまだいいのですが、そうでない場合も多いものです。上司からは「ちゃらんぽらん」に思われていても、チームにはとても重要なキャラクターで欠かせない存在の人もいます。

ムードメーカーばかりではありません。潤滑油のような人もいます。その人がチームにいると、メンバーの結びつきが円滑になるような人です。とても大切な人ですが、この目に見えない価値は評価されません。

上司に意見をズバズバと言ってくれる人も、現場から見れば心強い味方です。しかし、上司から見れば目障りかもしれません。

上下関係があると対等の話し合いは難しいものです。

どうしてもパワーが働いて上が押さえつけてしまう展開が多いです。そんななかでも、しっかり核心に触れる進言をしてくれる人は、現場としてはとても頼りになる存在です。けれど実際には、その人の評価は高くありません。

評価するのは立場が上の人ですから、心証が悪くなってしまうのでしょう。

このように、営業パフォーマンス以外にも組織に欠かせない要素はたくさんあります。私は良く言えば器用に仕事をこなせていましたが、悪く言うと組織の尺度に合わせて仕事をしていたともいえるでしょう。

TEAMカイゼン活動では、自分の価値観を大切にしている人をたくさん見てきました。それぞれが持つ素敵な価値を知ったとき、私はとても衝撃を受けたのです。

ストーリー⑰

さらなる高みに向けて

いよいよ、自主運営になってからの初めてのTEAMカイゼン活動が終わろうとしている。

本当にいろいろあった半年間だった。

今までファシリテートしてくれていた伊藤さんがいなくなった心細さもあったし、ラウンドテーブルに参加する新しい事業部長やマネージャーたちの反応も気になって仕方がなかった。ラウンドテールが今までのように前向きな議論の「場」にならなかったらどうしよう、そういう心配がつきない半年間だった。

もしかしたら、半年間続かないのではないか？

「ファシリテーターの伊藤さんがいないから充実した活動にならない」と言い出す人が出てくるんじゃないか？

いつも不安と戦ってきた。

結果的には、自主運営のあり方のようなものが見えてきた意義深い時間だったように思う。今まで係わりのなかったマネージャーたちを巻き込むことができたことも、大きな成功体験だった。

最終回のラウンドテーブルを終えて、新しい事業部長やマネージャーたちからお褒めの言葉をもらえた。参加メンバーからは、異口同音に「参加してよかった」という感想を聞けたのはなによりも嬉しかった。

そして、全体発表会の日を迎えた。

推進派になってくれた3人のマネージャーがこんなスピーチをしてくれたのだ。

「実際にラウンドテーブルに参加してみると、今まで想像していたものとはまったく違った」

「現場メンバーが自分たちで組織を良くしようとしている活動に感動した」

「参加してみて、こちらのほうがやる気をもらえた」

「ぜひ、他の人も参加してみてください」

各マネージャーが、この活動の良さを宣伝してくれたのだ。

まさか、このような感想を聞けるとは思ってもいなかった。無事に終わっただけでもホッとしていたのに、こんなに有難い言葉をマネージャーたちから言ってもらえるとは……。

こみ上げてくる感激があった。

そしてプログラムの最後に、実行委員の井原さんがマイクを握った。

「この活動が私たちにとってどんなに価値のあるものか」

「この活動を通じて、どれだけ素晴らしい経験をしているか」ビデオにとっていなかったのがもったいないくらい、私たちの胸をうつ素晴らしいスピーチだった。

堪えていたものが抑えきれず涙が止まらなかった。

仕事を通じて涙がでるくらい嬉しいことが、今までにあっただろうか。

私は経験した。経験してしまったのだ。信じられないけれど、実際にあるのだ。

その後、こっそりと全体発表を見に来てくれていた伊藤さんからも一言をもらうことができた。

「この活動は理屈では理解できない。『やって知る』活動なのだ」ということを力説してくれた。久しぶりの伊藤節に、背中を押された人もいたと思う。

最後に、新しく赴任した事業部の総責任者から一言があった。

「この発表のために2時間かけて遠方から足を運んだ甲斐があった。本当に来て良かった」

そう感動を表現してくれた。

社員が自ら自分たちの仕事を良くしていこうとする姿を見て、「こんな社員がうちの会社にいたのか」とびっくりされたそうである。

良い評価をもらうためにやっているわけではないが、このように感動を与えられて嬉しくて仕方がなかった。これらの出来事は、私たちに大きな自信をもたらしてくれた。

発表会終了後には、いつにも増していろいろな人から反響をもらった。

「うちの部下の○○を参加させたい！」という声も多くあった。こんなに嬉しいことがあるだろうか。

私は、3年前、この会社に居続ける自信を失い、辞めようとしていた人間である。ストレスによる不眠症で、睡眠薬を飲み続けてかろうじてやっていた人間である。

その私が、今、このような言葉をかけられるようになっているとは……。

今の私には夢がある。

今はこのＴＥＡＭカイゼン活動を自分の職場でやっているが、より多くの会社で、より多くの人たちに、私たちと同じ感動を味わってもらいたい。この活動を広めていきたいと思っている。


すべては変われる。

すべては自分にとって大事なことである。

何度失敗しても希望を捨てずにやりつづけることである。

たゆまず、怠らず、変化を信じて、一歩ずつ進み続けられれば、かならずや道は開けてくる。そう信じて、前を向いて歩いていきたいと思う。


今、第７回ＴＥＡＭカイゼン活動がスタートした。

今回は、私が実行委員長を務めることになった。

重責であるが、自分にとって必要なことだと受け止めてがんばっていきたい。

全体発表の手ごたえどおり、次回から多くの新しい仲間が参加してくれる。

新しい仲間たちと一緒に、自分の仕事、そしてこの職場を良くしていきたい。
半年後の感動を信じて。

4-6 峰を越えて

上野部長の感想

知っていることはたくさんあったが……

私の会社は同質カルチャーである。

「言わなくても分かるだろう」文化といえばよいだろうか。

ミッションやビジョンなどは語らなくても「あうんの呼吸」で伝わるはず。こういうマネジメントスタイルでずっとやってきた。もしかすると、日本の企業は私の会社と同じように「同質のコンテキスト」の中でやっているところが多いのかもしれない。


私自身は、勉強を欠かしたことはない。

図24　人間としてのマネジメントの体現（関係性マネジメント）

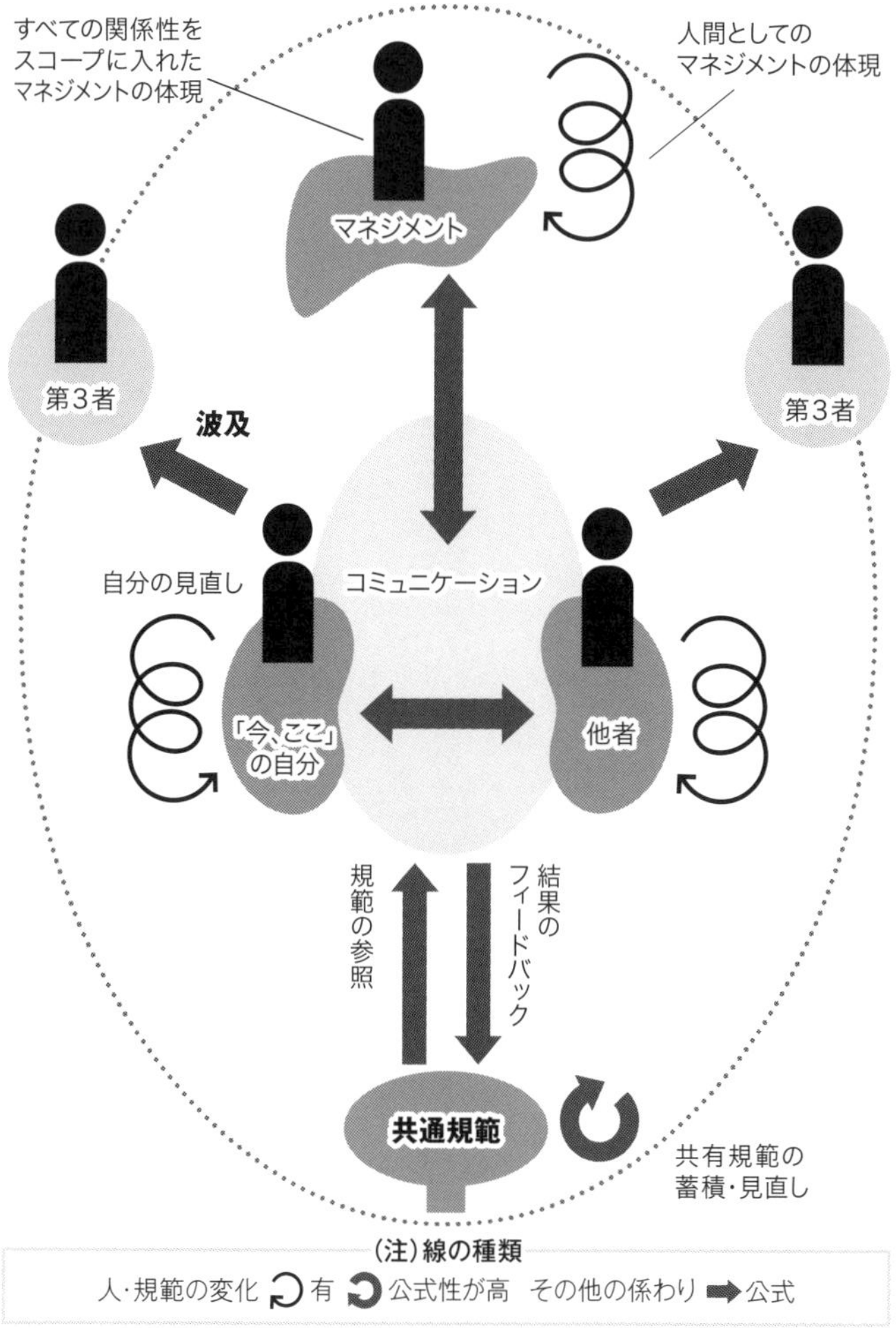

人間の幅を広げようと、講演やセミナーを見つけては、時間をつくって積極的に参加をしていた。

「異質の人たちがいる前提でマネジメントをやらないといけない」

勉強したことのなかで、この言葉はとても印象的なものだった。

様々なキャリアを持ち、いろいろなことを考えている人たちを、どうやってマネージするのか？

これは、いつも考えさせられるテーマであった。ミシュランやジョンソン・エンド・ジョンソンというエクセレントカンパニーでさえも、このことにものすごくケアしていることを勉強を通じて知ることができた。

これからはグローバル企業だけではなく、国内の企業においても、一般的にこうしたことが求められていくのだろうと感じていた。

しかし、現実の自分がどうだったかといえば……。

この事業部に着任した頃は、どこに向かっていきたいのか？　どうなりたいのか？　そこに到達するために、どんなステップを踏むのか？　今やっていることに何の意味があるのか？　などを部下に対していちいち説明して、彼らからフィードバックをしてもらう必要なんてないと思っていた。

違う経験、考え、背景を持った人たちを、同じ方向に向かわすために、思いや価値観をすり合わせることはなかった。

こうしたことをやらなければならないことは勉強を通じて分かっていたし、これが大事なんだろうと思っていたにもかかわらずだ。「あうんの呼吸」でうまくやれるはずだと思っていたからであろう。

■「だったら、どうすればいいんだ」

しかし、この事業部に赴任してみて、勉強してきたことの縮図がここにあったのか、という思いがした。

何もかもが、うまくいかなかった。

勉強により概念の理解をしていなかったら、耐えられなかったかもしれない。

必要性は感じていたが、やってこなかったことを、この事業部では避けては通れない。
これは明らかであった。

「上野部長は雲の上の存在」なんて声が聞こえてきたりする。

自分では「雲の上」なんて思ったことがなくても、**「言っても仕方がない」距離感ってあるんだと思う。**こうした声を払拭しようと、「君たちと同じ目線なんだよ」ということを朝礼の場で繰り返し訴えてみたけど、1対100人のコミュニケーションのなかでは、共有できるものはほとんどなかった。

私のマインドセットは社会人になってから

今まで色々
やってきました
最先端の営業支援
システムの導入…
研修の実施…
しかし、どれも
成果が上がらなかった

私から見ると彼らは
甘ったれている様に
見えるのです
ですが、それでも
何とかしなくては…
事業部長　上野

20数年間も変わったことないから、これを変えるにはそれなりの時間がかかった。必要性は感じていても、行動にならない。だから、苦労はたくさんあった。

1対100人のコミュニケーションでは思いの共有は難しい。

こちらの意図とは違って理解されている（受け取られている）ことがしばしばあり、そのたびに大きなストレスを感じていた。

「だったら、どういえばいいんだ」という気持ちだった。

「みんなの声を聞いてフィードバックすればいい」と読んだ本に書いてあり、試してみたりもした。

みんなの意見や要望を聞くために目安箱や社内SNSをやってみたのだ。

寄せられた声を見てみると、どんどん目線が下がっていった。

何でそっちにいっちゃうの？　という気持ちだった。

お互いに目線を上げていきたかったのに。まったくそっちに向かっていかない。

良かれと思ってインセンティブ制度をやってみれば、「にんじんをぶら下げられているようだ。私たちをバカにしているんですか？」みたいな話になる。「じゃあ、どういうふうにやればいいのか」、そんな気分だった。


月間ＭＶＰもやってみた。

「数字をとれている人はいいけど、それ以外の人はどうなるんですか」

「数字をとるためにあの人はズルをしている」

「そもそも数字の配分が公平じゃない」

こんな雑音ばかりが聞こえてくる。

まったく上昇のスパイラルを上がって行かないのだ。


こちらが意図したこととは、違うことばかりが起こる。

やればやるほどモチベーションがダウンしてしまうような感じだった。

毎日が、こんなことの繰り返しだったように思う。


その頃の私は、みんなの意見を本当に理解しようとしていなかったのだろう。

「結論ありき」でみんなと接していたのかもしれない。

みんなの意見に影響されるつもりがあったかと問われれば、なかったかもしれない。

「知ってやる」と「やって知る」は大違い

しかし、TEAMカイゼン活動をやってからは影響される「場」ができたので、いい方向に向かい始めた。**この活動は、議論やモチベーションが散漫にならないプロセスのなかで進んでいく。**

ラウンドテーブルでは、やれることについてはその場ですぐに決断する、基本的には否定をしない、という約束ごとがある。これが現場との距離感を縮めたり、同じ目線を共有できたり、トップの目の届く範囲に自分たちがいるという実感を生みだしていたんだと思う。

否定しないで聞いていると、何を考えているかが分かる。

そこから自分に返ってくる。

自分が考えていたことを考え直してみる。

ラウンドテーブルは、自分をリフレクションする「場」だったのだ。聞いていて自分が影響される、化学反応する、アジャストする、こういうことがたくさん起こった。

上司だとか部下だとか立場にかかわらずに影響される。

そういう活動だった。

否定せずに聞く（すべてを受け入れるのとは意味が違う）というルールをセットするだけで、自分が言おうとしていたことがどんどん変わってくる。みんなに影響されるのだ。

このルールがなく、「これを言ってやろう」と結論ありきで臨んでしまう、もしくは表面的な会話をする「場」になっていたら、本来の効果は、相当な意味合いで変質してしまうと思う。

結論など持たずに、対話を通じて影響を受けるだけでいい。

これがこの活動の本質なんだと思う。

ＴＥＡＭカイゼン活動には、ルールや約束事といった枠組みがある。

例えば、**現場のメンバーが自分たちで議論をしたうえで、納得感をつくった意見だから、こちらも素直に聞けるのかもしれない。**ラウンドテーブルに参加するマネジメントの人は、絶対に否定で入ってはいけない。このルールこそ、本質的な効果を得るための必要条件なのだ。

このルール、約束事のなかである期間にわたって定期的に対話をすることにより、自分も影響されて、みんなも影響されていった。お互いに上向きなスパイラルを上がりはじめたのだ。

影響された人たちが、他の人たちにも「朝礼で上野部長が言っていたことの意味はこうだと思うよ」と通訳してくれ始めた。「ここを目指そう」、「ここまでやろう」ということが、素直に共有されるようになってきた。

それまでは、彼らから影響を与えられて私の結論が変わるなんて本気で思っていなかった。**議論の結果は私が持っていて、そっちに向かってみんなを誘導したかったんだと思う。そうした考えや思いだったから、何をやってもだめだったんだろう。**

今思えばものすごいストレスだった。

しかし、TEAMカイゼン活動を始めてみると、直接私に意見を言ってくるなんてことはなかった人たちが「自分たちはこう思っている」と直接言ってくるようになった。不満を出し尽くすと、前向きな意見が出てき始めるのだ。その意見のほとんどは、ものすごく妥当なものばかりだった。「なるほど、そうだよな」って感じだった。こうして「みんな発」の意見が出てくるようになった時、「これだったら、この事業部も回っていく」と実感できた。次のステージに変われるんだなと思った。

しかし、ミドルの扱いは難しかった。

トップの私と現場メンバーは、TEAMカイゼン活動を通じて融和していったが、そこに参加していないミドルマネジメントをどのように扱い、理解を浸透させるのかには頭を悩ませていた。

「組織のなかで、ミドルは最も変わりづらい」という言葉を聞いたことがあるが、これは他の企業でも同じように難しいポイントなのかもしれない。

直属の上司（ミドル）が、TEAMカイゼン活動のプロセスやアウトプットに対して理解をなかなか示さないことは、やっているみんなにとってもやりづらい環境だったと思う。しかし、今では、ミドルをも巻き込んだ活動になっていると聞き、**「ひとつの峰を越えたんだな」という思いでいっぱいである。**

解説

ストーリーをお読みいただいて、何を感じましたか？

チームが次第に成長し、マネジメントと現場がお互いに影響し合って、事業部全体がよい方向に変わり続けています。

本気で係わったチームの成功ストーリー、失敗ストーリーは組織のなかでメンバーによって語り継がれていきます。チーム活動なので、知識やノウハウの移転も起こりやすいです。

思い切ってコントロールを手放してみると、組織に本来的に備わっているダイナミズムが発揮され、自律的に「解決策やアイデアを考え出す力」が、組織のなかから生まれてきます。

人は自分で決めて、考えて、作り出したものにしか自ら進んで実行しようとはしないものです。ですから**主体的に考えたことは、管理などしなくても実行されます。**

上野部長が導入した関係性アプローチは、現場の主体性を引き出し、組織のダイナミズムを最大に発揮させる方法論なのです。

その結果、参加者が、もっとも重要で大切と考える課題に主体的に取り組み、腹の底から実現したい状態を思い描き、自ら進んで実行していったのです。

第2章で言っているように、「尊敬」や「感謝」をおいて、相手が「知ってやる」で捉えられないことをマネジメントは知るべきでしょう。昨今、サステナビリティが問題になっていますが、問題とすべきは、地球、自然環境ばかりではありません。人間も同じで、サステナブルなマネジメントが必要と感じるのは、私たちだけでしょうか。

こうした視点があって、初めて「生きた現場力」につながるのです。

（終わり）

【参考文献】

『ジョイ・オブ・ワーク〜組織再生のマネジメント』　吉田 耕作 著　日経ＢＰ社
『統計的思考による経営』　吉田 耕作 著　日経ＢＰ社
『実践リーダーシップ「リーダーは君だ！」』　新里 聡 著　文芸社
『ワールド・カフェをやろう！』　香取 一昭・大川 恒 著　日本経済新聞出版社
『決めない会議』　香取 一昭・大川 恒 著　ビジネス社
『ニッポンには対話がない』　北川 達夫・平田 オリザ 著　三省堂
『ダイアローグ』　デヴィッド・ボーム 著　英治出版
『組織が大きく変わる「最高の報酬」』　石田 淳 著　日本能率協会マネジメントセンター
『リストラなしの「年輪経営」』　塚越 寛 著　光文社
『ひとり光る　みんな光る』　久保 華図八 著　致知出版社
『奇跡の経営』　リカルド・セムラー 著　総合法令出版
『社員が惚れる会社のつくり方』　舞田 竜宣 著　日本実業出版社
『経営の未来』　ゲイリー・ハメル 著　日本経済新聞出版社
『戦略キャンプ』　森田 元・田中 宏明・佐藤 俊行 著　ダイヤモンド社

『持続可能な未来へ』　ピーター・センゲ　日本経済新聞出版社
『デミングで甦ったアメリカ企業』　アンドレア・ガボール 著　草思社
『最強組織の法則』　ピーター・センゲ 著　徳間書店
『マネジメント革命』　天外 伺朗 著　講談社
『不機嫌な職場』　高橋 克徳 他 著　講談社現代新書
『アンサーＡＮＳＥＲ』　河合 太介 著　経済界
『職場は感情で変わる』　高橋 克徳 著　講談社現代新書
『効果10倍の教える技術』　吉田 新一郎 著　ＰＨＰ新書

あとがき

本書は、「現場力」の回復とそのための「チーム作り」に個々に取り組んでいた2人の経営コンサルタントが出会ってできた、コラボレーションの成果である。

2人の目指す方向は「人が活き活きと働ける職場」、「組織のパフォーマンスを向上する」と同じだが、前田は理論から伊藤は実践でと違ったアプローチをとっているので、従来のやり方と比べてここが新しいなどそれぞれ強調したい点が違っている。

そこで、あとがきを別々に書くことになった。これも、本書らしくてよいかなと思っている。

第Ⅰ部のあとがき

5～6年前のある時期、いろいろな会社に勤めている知人、特に若い人から、

「上司との会話は目標と結果の話だけ」

「困っていることがあっても相談にのってくれない」

「会社に貢献したいという気がしない」

という相談を、なぜか集中的に受けたことがある。

彼らの話を聞いて感じたのは、これは特定のA社、B社ということでなく、もっと広く一般の話として、今、会社が人のいる場所としてバランスを欠いた状態になっているということだった。これが、私が「現場力」に関心をもったきっかけである。


では、いったい何と何をバランスしたらよいのか。

ある人は「組織と個人」と言い、別の人は「合理性と人間性」と言っている。どちらも半世紀前から言われているが、いまだに解決していない。

行き過ぎた「組織」や「合理性」への批判が起きる度に、「個人」や「人間性」を重んじるムードが高まるが、時間とともに元に戻ってしまう。

その理由としては、結局のところ企業の目的が利益追求にあるので、喉元を過ぎてしまえば……ということがあるだろう。しかし、それ以上に、「対比」という見方に限界があるのではないか。

「組織と個人」で言えば、組織は個人の集合体であり、組織だけで済むものでも、個人だけで済むものでもない。だからこそそのバランスなのだが、それが「対比」だと見えにくい。

私は、分けるのでなく、全体を丸ごと手にすくい取るような見方が必要だと考えている。アカデミックで言う「ミクロ・マクローリンク」である。

そして、これまで理念に終わりがちだったこの考え方に対して、もっと具体的で、企業に役立つ指標的なものを提示したかった。

そこで考えたのが、以下の3つのフレームワークである。

簡単に振り返ると、まず、1つめとして、「内発と外発」に「個と集団」という軸を加え「現場力」アプローチ・マップを作り、従来「個」のものと思われていた「内発」が、「CDGM」や「関係性アプローチ」により「集団」で扱えるものであることをはっきりさせた（第1章）。

次いで、2つめとして、会社の仕事を「知的活動」の集合体とおき、合理性のベースになる「知ってやる」と人間性のベースとなる「やって知る」という2つのタイプに識別するとともに、アイヌやオーケストラ音楽の例を使って、これらをどうやって融合するかを考えた（第2章）。

最後に、3つめとして、組織を人と人の集まった現象と捉える「人間モデル」を作り、組織の状態を、他人との係わりをもって変化・成長する人と人のダイナミズムとして捉えられるようにした（第3章）。

これらを組み合わせることで、これまで「対比」の両端を行ったり来たりしていた振り子を、どこでバランスさせるべきか議論・判断できるのではないか、そう期待している。


さて、理論の次にすべきは検証である。

今回、私にとって幸運だったのは、「現場力」の実践に取り組んでいる伊藤氏に出会えたことである。

彼とは、3年以上に渡って「現場力」や「チーム作り」について意見交換を続けて来た。週末ごとに会って家族からひんしゅくを買っていた時期もある。

そのなかで、「現場力」を失った組織、「関係性アプローチ」によって元気を取り戻した組織を、3つのフレームワークを使うことで、従来よりも上手く説明できることを確認できた。さらに、本書で紹介できなかったものも含めて、アイデアや理論を幅広く実践のなかで活かせてもらえた。これは、理論サイドにいる者にとってこの上なく嬉しいことだった。

以上の3つのフレームワークだが、書き終わった今、理屈に走って分かりにくいところがあったのではと心配している。

しかし、伊藤氏が実務者の視点からケースに砕き落としていてくれているので、分かりにくい部分については第Ⅱ部を読んで、「そういうことだったのか」と実感していただければと思う。そして、出来ることなら、第Ⅰ部に戻って理論をチェックし、自分の会社に当てはめていただければと思う。

例えば、「ウチの会社って、『知ってやる』に偏り過ぎてない?」、「『共通規範』が強くて人の『変化』の機会を奪ってない?」といった見方をしていただければ、今後の「現場力」アップに向けて、面白い発見ができるかと思う。

さて、普通で行くとここで最後の「謝辞」になるのだが、今回は別々に書いているため、そこは第Ⅱ部のあとがきに譲ることにしたい。ただ、最後に一言、この本を手にとって下さった方に対して、ここまで読んでいただいたことにお礼を申し上げたい。

2010年6月吉日

前田　恭孝

第Ⅱ部のあとがき

じつを言うと、かつて私は「知ってやる」の世界にどっぷりと浸っていた。

分析的、論理的、個の力、自立、競争……このようなキーワードがぴったりの外資系コンサルティングファームで、日夜クライアント企業の問題解決にあたっていた。自慢ではないが、社長表彰を数回もらうほど、私は「知ってやる」の象徴のような世界にのめり込んでいたのだ。

そんな折に、カルフォルニア州立大学名誉教授の吉田耕作先生と出会い、次のような話を聞くことになる。

ひとつは、**日本人が「全体を捉える力」（全体観）と「究極点まで物事を突き進める力」（究極点指向）に秀でている**ということ。分析的なモノの見方ではなく「全体を丸ごと」理解するのが「全体観」。「究極点指向」とは、ロジカルにここまでやればいいと決める「合格点指向」とは全くスタンスが異なる。

これは、日本企業と外資系企業の両方に勤めたことがある私の実感とも符号していた。

さらに、**20世紀に世界で最も成長した国は「アメリカではなく日本」であること、日本人は十数世紀にもわたり他民族と交わったことがない「極めて珍しい民族」**であることも教えてくれた。

これがきっかけとなり、私のなかで何かが変わりはじめた。

「たぐい稀な特性、尊敬に値する底力をもっているのに、グローバルスタンダードに翻弄されているのは、なんとももったいない」

（・・翻弄の片棒を担いでいるのは、コンサルタントの私であったが・・）

「強みに徹底的にこだわったほうが、日本企業は輝くのではないか」

こうした「思い」が日増しに強くなり、実現手段としての「関係性アプローチ」に興味を惹かれていったわけである。その後、吉田先生のＣＤＧＭと前田氏の理論が私の実践の核をつくってくれたことは言うまでもない。

誤解があるといけないが、私は復古主義を唱えているわけではない。「弱みを補うより、強みをさらに伸ばせ」という戦略論の王道を主張しているつもりである。

余談ではあるが、日本のお家芸である「漫画」でマネジメントの世界を表現してみたのも、こうした「思い」から出てきた発想なのだ。

もうひとつ私には、不思議に感じていることがある。

それは、ビジネスにおける「チーム力」、「チームワーク」の扱いについてである。

野球やサッカーなどのスポーツでは、「チーム力」、「チームワーク」は欠かせない。もちろん筋力アップ、俊敏性向上などの「個の力」の強化は必要であるが、ゲームで勝つためには、チームで連携練習をしたり、戦略の意思統一をしたりすることは不可欠である。

翻ってビジネスの世界には、なぜ「チーム力」、「チームワーク」を強くする取り組みが少ない（ない）のだろうか？

人材教育といえば一般的には「個の力」の向上をねらいとしている。野球やサッカーなどのゲームより「ビジネスが単純なもの」だと私には到底思えない。ゲームよりもよっぽど複雑なビジネスで、「チーム力」、「チームワーク」を磨くための実践的な方法がほとんど見当たらないことに違和感を覚えるのは、きっと私だけではないだろう。

全体観、究極点指向、協調性といった日本人の強みを組織的に発揮したい。ビジネスにおけるチーム力やチームワークを「世界に勝てるレベル」にまで高めたい。こうした「思い」を実現する有効な方法が「関係性アプローチ」にあると思っている。

あなたの組織、職場、グループには、「関係性アプローチ」に類する「内発×組織」の取り組みがあるだろうか？

もし、ないのであれば、今すぐに「内発×組織」のアクションを立ち上げてほしい。

「やって知る」をマネジメントに取り込み、関係性マネジメントを体現してほしい。

そうした取り組みのトータルのうえに、世界が一目置く『関係性マネジメント立国「日本」』が見えてくる。

この本は、企画から刊行まで1年半の歳月を費やした。

実在するストーリーを書き上げるために、柴崎智弘さんには多大なる協力をいただきました。井上敬子さん、滝口朋子さん、中村光辰さんにも素敵な素材を提供いただきました。ストーリーの製作を通じて、自分の仕事の意義深さに改めて気づくことができました。心より感謝しています。ありがとうございました。

取材に協力していただいた小原真一さん、今西淳一さん、中島由利さん、菊田かおりさん、小黒加奈子さん、津崎真也さん、田中祐士さん、マンガを製作してくれた小野弘貴さん、松田佳祐さん、みなさんのおかげで「思い」を結集させた作品をつくることができました。本当にありがとうございました。

吉田耕作先生には、「人間尊重」、「協調」、「長期指向」、「ばらつき寛容」といった「全体観的考え方を大切にする経営哲学」を学びました。そのエッセンスが本書に少しでも表現できていたら嬉しく思います。これからも変わらぬご指導をお願いいたします。

出版のきっかけをつくってくださった浅見淳一さん、企画を前に進めてくださった高麗輝章さん、刊行まで導いてくださった総合法令出版 関俊介編集長には感謝の気持ちでいっぱいです。本当にありがとうございました。

最後に、執筆活動に惜しみない協力をしてくれた我が家族に心より「ありがとう」と伝えたい。

2010年6月吉日

伊藤 健之

■ 著者プロフィール

前田 恭孝

（ まえだ やすたか ）


北海道大学経済学部卒。筑波大学経営政策科学研究科（修士）卒 。

大手信託銀行にて本部企画に携わった後、日本ＩＢＭに転職。ＩＢＭビジネスコンサルティング・サービスにて経営コンサルタントに従事。現在は、金融分野のThought Leaderを務めている。

これまで、経営コンサルタント/ Thought Leaderとして、経営戦略、マーケティング、リスク管理についてビジネス誌への寄稿、セミナーでの講演を数多く行っている。また、仕事の傍ら、発想法・思考法、コミュニケーション論、社会関係論、現場力などについて研究を行い、学会での論文投稿・研究発表やビジネス誌への寄稿も行っている。

email：yatteshiru@jcom.home.ne.jp

伊藤 健之　ユー・ダブリュ・コンサルティング代表

（ いとう けんじ ）


明治大学理工学部卒。青山学院大学大学院国際マネジメント研究科（修士）卒。

ＩＢＭビジネスコンサルティング・サービスにて戦略コンサルティンググループのマネージング・コンサルタントとして、戦略立案・組織変革プロジェクトを数多くリードする。

数々のプロジェクトワークを通じて、優れた戦略や計画は、組織の「関係性」がしっかりしていて「初めて機能する」ことを強く実感。戦略コンサルティング活動と並行して、実践と理論の両面から「関係性アプローチ」による「生きた現場力づくり」プログラムをスタートする。

2006年に独立。大企業から中小企業まで幅広く「関係性アプローチ」を実践し、組織の競争力向上に寄与している。

現在、ジョイ・オブ・ワーク推進協会理事、株式会社グランデコンサルティングパートナーを兼任する。

email：kenji.ito@kxf.biglobe.ne.jp
homepage：http://profile.allabout.co.jp/pf/kenji-ITO

【マンガ制作】
原作　柴崎智弘
漫画家　北村昌大
企画・監修　小野弘貴　松田佳祐
Special Thanks　株式会社グランデコンサルティング
(http://grandeconsulting.jp/)

装丁　冨澤崇（Ebranch）
本文デザイン　八木美枝
図表作成　土屋和泉

強いチームのつくり方

2010年7月6日　初版発行

著　者　前田恭孝　伊藤健之
発行者　野村直克
発行所　総合法令出版株式会社
〒107-0052
東京都港区赤坂1-9-15　日本自転車会館2号館7階
電話　03-3584-9821（代）
振替　00140-0-69059

印刷・製本　中央精版印刷株式会社

ISBN978-4-86280-213-2
落丁・乱丁本はお取替えいたします。
総合法令出版ホームページ　http：//www.horei.com/